팔선생의 비법전수

TSC 가볍게 뛰어넘기
3급 모의고사

아는만큼
자신있게!
중국어
스피킹 시험
완·전·정·복!

1

CARROT HOUSE
中国北京市通州区大运河开发区运河明珠2号楼2单元2172

TSC 가볍게 뛰어넘기 3급 모의고사 1
ⓒ CARROT HOUSE

All rights reserved. No part of this publication may be reproduced,
stored in a retrieval system, or transmitted, in any form or by any means,
without the prior permission in writing of CARROT HOUSE.

First published July 2014

Author : Carrot Language Research & Development

ISBN : 978-89-6732-134-5

Printed and distributed in Korea
9th Fl., Daenam Building, 199, Nonhyeon-dong
Gangnam-gu, Seoul, South Korea 135-827

목차

TSC에 대해서 4

이 책의 구성 6

TSC 3급 진단지 8

Part 1   실전 모의고사 9

    실전 모의고사 1 10

    실전 모의고사 2 34

    실전 모의고사 3 58

    실전 모의고사 4 82

    실전 모의고사 5 106

Part 2   실전 모의고사 답안 131

TSC에 대해서

1. TSC 소개
TSC(Test of Spoken Chinese)는 '중국어 말하기 시험'으로, 중국어 학습자의 말하기 능력을 직접적으로 평가하는 실용적인 시험이다. 일상 생활의 다양한 상황을 소재로 인터뷰 형식으로 구성되어 있다. 시험의 전반부는 쉬운 난이도로 시작되며, 후반부로 갈수록 난이도는 서서히 높아진다.

2. 구성 및 형식
7부분, 26문항, 시험시간 총50분

구분	구성		문항수	생각할 시간(초)	답변시간(초)
제1부분	自我介绍	간단한 자기소개하기	4	0	10
제2부분	看图回答	제시되는 그림에 맞도록 답하기	4	3	6
제3부분	快速回答	일상생활과 관련된 화제에 대해 대화 완성하기	5	2	15
제4부분	简短回答	일상적인 화제에 대해 간단하게 설명하기	5	15	25
제5부분	拓展回答	의견과 생각을 묻는 질문에 논리적으로 답하기	4	30	50
제6부분	情景应对	주어진 상황에 적절히 대응하여 답하기	3	30	40
제7부분	看图说话	4개의 연속된 그림을 보고 스토리 구성하기	1	30	90

3. 레벨 설명

등급		설명
최상급	10등급	고급 수준의 화제에 대해서도 논리적으로 유창하게 말할 수 있다. 풍부한 어휘력을 갖추고 있는 것은 물론 사자성어와 관용어를 구문 안에서 적절히 사용할 수 있고 대체적으로 어법에서도 실수가 없는 편이다. 발음과 억양 등이 자연스러우며 모국어의 영향이 아주 적다.
고급 上	9등급	대부분의 일반적인 화제에 적극적으로 대처하고 참여할 수 있으며 자세하게 설명할 수 있는 능력을 갖추고 있다. 고급 수준의 화제에 대해 자신의 의견을 논리적으로 전개할 수 있지만 이런 경우 어법이나 단어 사용에서 약간의 실수가 나타나기도 한다. 그러나 이해하는 데에는 전혀 영향을 주지 않는다. 관심 분야에 관해서는 폭넓은 어휘력을 갖추고 있으며 필요에 따라 문형과 표현 방법을 바꾸어 의사를 전달할 수도 있다. 모국어의 영향이 적고 유창하게 말할 수 있다.
고급 中	8등급	대부분의 일반적인 문제에 비교적 분명하고 명료하게 어느 정도의 설득력을 갖추고 자신의 의견을 표현해 낸다. 그러나 논리적으로 의견을 제시할 때에는 말하는 속도가 떨어지고 어법 상의 실수를 하기도 한다.
고급 下	7등급	일반적인 화제에 대해 적극적으로 자신감을 갖고 대응할 수 있다. 익숙하지 않은 화제나 분야에 대해서도 어느 정도 답변이 가능하지만 실수가 눈에 띄게 늘어나고 유창함이 떨어진다.
중급 上	6등급	일반적인 화제에 대해 적절히 대응할 수 있고 그 중 익숙한 내용에 대해서는 구체적으로 답할 수 있으며 내용도 충실한 편이다. 그러나 고급 수준의 어법 구조는 충분히 파악하지 못하고 있기 때문에 말을 머뭇거리고 중간에 멈춰버리기도 한다.
중급 中	5등급	자신의 관심분야 등과 같은 일반적인 화제에 대해 구체적으로 답변할 수 있고 기본적인 사회활동을 하는 데 큰 문제가 없다. 일반적인 화제 가운데서도 익숙한 화제나 경험에 대해서는 짧지만 구체적으로 설명할 수 있다. 기본적인 어법과 자신과 관련된 어휘들은 잘 알고 있지만 사용 상의 실수가 약간 보이고 여전히 중간에 머뭇거린다. 그러나 대체로 의미 전달에 영향을 미치지는 않는다. 모국어의 영향이 남아 있지만 익숙한 내용에 대해서는 적당한 속도로 말할 수 있다.
중급 下	4등급	자신과 관련된 화제와 말하기에 익숙한 내용에 대해 의사 소통이 가능하며 기초적인 사회활동에 필요한 대화를 할 수 있다. 자주 쓰는 단어와 기본적인 어법을 사용할 수 있지만 종종 실수를 하고 말하는 속도가 약간 느리다. 모국어의 영향이 여전히 강한 편이지만 외국인이 말하는 중국어에 익숙한 호의적인 중국인이라면 이해할 수 있다.
초급 上	3등급	자신과 관련된 화제 중에서도 자주 접하는 질문에 간단하게 대답할 수 있고 제한된 일상적인 화제에 대해서 아주 간단한 단어와 기초적인 어법에 맞춰 구성한 간단한 문장으로 다른 사람과 대화할 수 있다. 발음과 성조가 부정확하고 어휘가 부족하며 모국어의 영향도 강하지만 외국인이 말하는 중국어에 익숙한 중국인이라면 이해가 가능하다.
초급 中	2등급	자신과 밀접하게 관련된 화제 중에서도 자주 접하는 질문에 대해서는 간단하게 대답할 수 있다. 학습한 단어와 구를 이용하여 제한적이고 기초적인 의사소통이 가능하다. 아주 간단한 문장을 만들어 내기도 하지만 이 수준을 꾸준히 유지하지 못하며 어법 지식과 어휘도 상당히 부족하다. 모국어의 영향도 강하게 남아 있어 중국어를 모국어로 하는 사람도 이해하기가 힘들다.
초급 下	1등급	이름, 나이 등 자신과 밀접하게 관련된 질문과 간단한 인사말만 겨우 말할 수 있으며, 암기한 단어와 짧은 구 등 극히 한정된 표현으로만 아주 간단하게 대답할 수 있는 정도의 수준이다. 말하는 속도가 매우 느리고 중간에 말을 자주 멈추며 내용도 불완전하다. 모국어의 영향이 상당히 강하게 남아 있어 외국인과의 대화에 익숙한 중국인도 이해하기가 어렵다.

4. TSC 공략 방법

1) 답변 공략 방법

* **큰 소리로 대답하기**
  소리가 작아 알아듣기 힘들면 정확한 레벨 판단이 불가능한 경우가 있다. 목소리가 작으면 발음이 불분명하기 때문에, 올바른 평가를 받기가 어렵다. 따라서, 평소에 스스로 녹음 방식으로 연습함으로써 자신의 발음과 문법적인 실수를 고치도록 한다.

* **질문 의도 잘 이해하기**
  질문의 의도와 다른 대답을 하면, 아무리 많은 양의 발화를 하더라도 좋은 점수를 받을 수 없다. 짧은 문장이라도 질문의 핵심에 맞는 대답을 하도록 해야 한다.

* **주어진 시간 최대한 활용하기**
  주어진 시간을 최대한 활용하되, 답변시간 내에 의견을 모두 발화할 수 있도록 시간 배분을 잘 한다. 본 교재 활용 시, 준비시간 및 답변시간을 지켜 시간을 배분하는 연습을 하도록 한다.

2) 부분별 공략 방법

1부분 답변시간 10초	이름, 생년월일, 가족, 학교(직장)에 대해 정확하게 답변하는 것이 중요하다.
2부분 답변시간 6초	질문을 사용하여 대답하는 것이 가장 안전하다.　예) 问题: 他们在做什么? / 回答: 他们在唱歌。 2부분은 답변시간이 짧다. 따라서, 질문 내용과 무관한 말을 많이 하여 대답할 시간이 부족해지지 않도록 주의해야 한다. 2부분에서는 많이 말하는 것보다 실수가 없도록 정확하게 말하는 것이 중요하다.
3부분 답변시간 15초	그림을 보고 그림의 내용을 설명하는 것이 아니라 질문을 듣고 질문에 맞게 정확하게 답변을 하는 형식으로, 제3자의 입장이 아닌 자신의 입장에서 말을 해야 한다. 또한 자신이 질문의 의도를 이해했다는 것을 듣는 사람이 알 수 있도록 분명하게 답변해야 한다. 예) 问题: 下星期我要去国外旅行。 回答1: 是吗。　　☞ 답변1의 경우, 답변이 너무 간단하여 질문을 이해한 것인지 판단하기 어렵다. 回答2: 祝你一路顺风。你要去那个国家?　☞ 답변2를 보면 질문을 이해하고 대답한 것임을 알 수 있다.
4부분 답변시간 25초	고득점을 위해서는 첫째, 질문을 잘 듣고 질문에 맞는 대답을 해야 한다. 동문서답을 했을 경우 아무리 답변을 잘하더라도 좋은 점수를 받을 수 없다. 둘째, 본인의 생각을 묻는 질문들이 많으므로 주어진 시간을 최대한 이용하여 가능한 한 충분히 설명해야 하며, 완전한 문장으로 말해야 한다. 셋째, 누가 들어도 어떤 내용을 말하고 있는지 이해할 수 있도록 설명해야 한다. 평소에 발음, 성조, 문법, 시제 등을 주의하며 말하기 연습을 한다면 점차 말하기 실력이 좋아질 것이다. 문장 간의 연관성도 매우 중요하다. 많은 학생들이 접속사를 사용하지 않은 채 여러 개의 문장을 단순히 나열하는 식으로 답변을 하는 경우가 있는데, 이런 경우는 어구가 서로 연관되지 않고 전체적인 답변의 구성이 완전하지 못한 느낌을 주게 된다.
5부분 답변시간 50초	5부분은 주어진 시간 안에 자신의 생각을 논리적으로 전달해야 한다. 따라서 듣는 사람이 답변의 내용을 이해할 수 있도록 조리 있게 말하는 것이 매우 중요하다. 매 문항마다 답변을 생각하는 시간은 30초, 답변시간은 50초로 한정되어 있기 때문에 시간을 잘 활용하기 위해서는 먼저 자신의 의견을 말한 뒤 그 의견을 뒷받침하는 부연설명을 하고, 마지막으로 다시 한번 자신의 생각을 짧게 정리해서 강조하는 것이 좋다. 발화 시 기본적인 문법을 정확히 사용하는 것 이외에 적절한 관용어나 성어 등 난이도가 있는 어휘나 구문을 사용하면 보다 높은 등급을 받을 수 있다.
6부분 답변시간 40초	6부분에서 중요하게 평가하는 점은 두 가지이다. 첫 번째는 자신이 어떠한 상황에 처해졌다고 가정을 하고 그 상황에 맞게, 상대방과 대화를 하듯이 답변을 하는 것이다. 두 번째는 문제가 요구하는 과제를 모두, 정확하게 달성했는가 하는 것이다. "차가 자주 고장이 나는 것에 대해 항의하고 문제를 해결해 보세요"라는 과제에 대해 항의뿐만 아니라 문제 해결책까지 말해야 비로소 완전한 답변이라고 할 수 있다.
7부분 답변시간 90초	포기하지 말고 주어진 시간을 잘 할애하여 각각의 그림을 하나의 완전한 이야기로 구성하여 말하도록 한다. 그림의 내용을 모르는 제3자가 들어도 그 상황을 이해할 수 있도록 설명할 수 있어야 하며, 설명을 할 때는 제3자의 입장에서 설명하도록 한다.

★ 3) 중국어 입문·초급자의 TSC 3급 공략 방법

> 아는 만큼 정확하고 자신있게!

* **TSC 전체 부분 중, 2부분~4부분 집중 패턴 연습하기**
  · 2부분: 시간, 날씨, 날짜 및 양사 등에 대해 이해하고 응용 가능하도록 한다.
  · 3부분: 생활 전반에 걸친 인사, 쇼핑, 축하, 거절 등의 표현을 익힌다.
  · 4부분: 질문의 의도에 맞는 답변으로 3~4문장으로 구성한다.
* **자주 출제되는 기본 단어의 발음 및 성조를 정확하게 익힌다.**
* **패턴 연습을 통해 어휘량을 늘리고, 응용이 가능하도록 한다. (*TSC 3급: 약 600 단어)**
* **본교재 매 레슨의 TSC 핵심 어법을 통해 중국어의 기본 문법 및 어순을 정확하게 이해한다.**

이 책의 구성

1 TSC 3급 진단지

시험을 보기에 앞서 자신의 실력을 진단할 수 있는 TSC 3급 진단지이다. (TSC 3급 획득 안전 점수: 50점 / 100점)
평가 영역과 기준은 다음과 같다.

평가영역	평가 방법	평가 기준
词语	단어 읽기	5점(10점): 발음이 정확함. 문제를 모두 정확하게 이해하며 어법에 틀림없이 대답 가능
口语	질문에 대답하기	4점(8점): 발음이 비교적 정확함. 질문에 정확하지는 않지만 간단한 문장으로 대답 가능 3점(6점): 발음이 부정확함. 짧은 문장으로 대답 가능
语法	질문에 본인의 상황에 맞게 대답하기	2점(4점): 대부분의 발음에 오류가 있음. 3~4개 단어로 대답 가능 1점(2점): 질문을 정확하게 이해하지 못하며, 발음이 부정확함. 1~2개 단어로 대답 가능
阅读	문장을 읽고 임의로 선택된 문장 해석하기	0점: 질문에 전혀 대답하지 못함 *语法: 10점 만점 기준

2 TSC 3급 실전 모의고사 5세트

130제의 풍부한 실전연습문제로 실제 시험 적응력을 높일 수 있도록 구성되었다. TSC는 매년 새로운 형태의 문제가 제시되기는 하지만, 기출문제가 반복적으로 출제되고 있다. 이를 주제별로 분석하여 시간, 날짜, 계절, 날씨, 습관, 취미, 운동, 음악, 여행, 쇼핑, 가정, 친구, 학교, 은행, 설득, 부탁, 불평제기 및 해결책 요구, 감동, 황당 등의 자주 출제되는 에피소드로 문항을 구성하였다.

* **TSC 第一部分 自我介绍**

  출제 범위: 이름, 생년월일, 가족 수, 소속 기관

  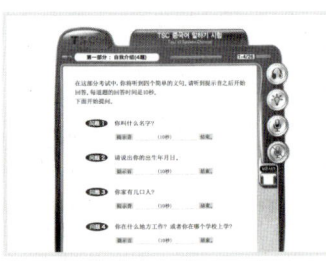

* **TSC 第二部分 看图回答**

  출제 범위: 날짜, 요일, 계절, 날씨, 시간, 가격, 나이, 번호, 무게, 길이, 위치, 존재, 장소 등

* **TSC 第三部分 快速回答**

  출제 범위: 동작, 감정, 축하, 감사 사과, 만남, 헤어짐, 안부, 상태 등

* **TSC 第四部分 简短回答**

  출제 범위: 성격, 취미, 운동, 습관, 영화, 음악, 쇼핑, 회사, 출장, 친구, 학습 등

  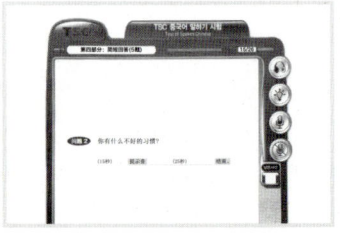

* **TSC 第五部分 拓展回答**

  출제 범위: 전화, 컴퓨터, 은행, 사회문제, 회사생활, 정치, 경제 등

  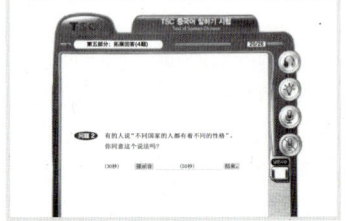

* **TSC 第六部分 情景应对**

  출제 범위: 약속, 서비스, 주문취소, 부탁, 격려, 설득, 상의, 사과, 축하 등

* TSC 第七部分 看图说话
  출제 범위: 감동, 황당, 반전, 놀람, 항의 등

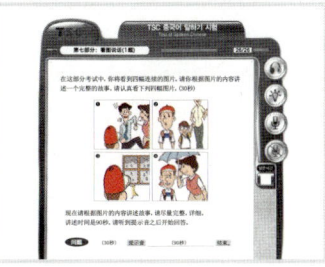

3 TSC 3급 실전 모의고사 해답

1 질문: 你喜欢照相吗? 为什么?

예시답안: 我非常喜欢照相。
wǒ fēi cháng xǐ huan zhào xiàng.
每次去旅行的时候或者吃好吃的
měi cì qù lǚ xíng de shí hou huò zhě chī hǎo chī de
料理的时候，我都会照相。
liào lǐ de shí hou, wǒ dōu huì zhào xiàng.
因为我想把那一刻照下来作个纪念。
yīn wèi wǒ xiǎng bǎ nà yí kè zhào xià lái zuò ge jì niàn.
时间过去了就不会再回来。
shí jiān guò qù le jiù bú huì zài huí lái.
我想只有照相机才能给我
wǒ xiǎng zhǐ yǒu zhào xiàng jī cái néng gěi wǒ
美好的回忆。
měi hǎo de huí yì.
所以我每次跟朋友出去玩的时候
suǒ yǐ wǒ měi cì gēn péng you chū qù wán de shí hou
都会带着照相机去。
dōu huì dài zhe zhào xiàng jī qù de.

한글해석
질문: 당신은 사진 찍는 것을 좋아하나요? 왜 그렇습니까?
예시답안: 나는 사진 찍는 것을 매우 좋아합니다. 매번 여행을 할 때나 맛있는 요리를 먹을 때 모두 사진을 찍습니다. 왜냐하면 저는 그 순간을 사진으로 찍어 기념하고 싶기 때문입니다. 시간은 지나가면 다시 돌아오지 않습니다. 사진기만이 저에게 아름다운 추억을 줄 수 있다고 생각합니다. 그래서 매번 친구와 놀 때 사진기를 꼭 가지고 갑니다.

단어
- 照相 [zhàoxiàng] 통 사진을 찍다
- 旅行 [lǚxíng] 통 여행하다
- 一刻 [yíkè] 명 순간
- 纪念 [jìniàn] 명 기념
- 回忆 [huíyì] 명 추억

Tip '只有~才'는 '오로지 ~해야만 비로소~ 하다'는 뜻으로 앞 절에서는 유일한 조건을 제시하는데 이 조건이 없다면 뒷 절의 결과가 발생할 수 없음을 나타낸다.

예시답안

중국어 학습 입문자의 수준에 맞춘 예시답안으로, 충분히 독학이 가능하도록 구성하였다. 모든 예시답안은 각 TSC 부분별 답변 공식과 스킬이 반영이 되어 있다. 또한, 병음과 성조를 표기하여 중국어 입문 학습자의 정확성을 높일 수 있도록 하였다.

단어

안정적인 3급 정착 및 4급으로의 도전을 위해서 꼭 외워 두어야 할 TSC 핵심 어휘를 정리하였다.
자주 출제되는 에피소드와 관련된 핵심 어휘이므로, 반드시 외우고 실전에서 응용이 가능하도록 자신만의 모범답안을 만들어 보도록 하자.

Tip

같은 말이라도 사자성어나 속담 등을 활용하면 조금 더 높은 점수를 획득할 수 있다.
실제 중국 사람들이 사용하는 다양한 표현 팁을 수록하여 TSC 시험 준비를 물론, 중국어 실력을 향상하는데 도움이 되도록 구성하였다.

TSC 3급 진단지

날짜:		이름:		
영역	문항		점수	비고
词语	① 手机(shǒujī)		5	
	② 女儿(nǚ'ér)		5	
	③ 水果(shuǐguǒ)		5	
	④ 喝茶(hēchá)		5	
口语	① 你的生日是几月几号？		5	
	② 你的电话号码是多少？		5	
	③ 平时你几点起床？		5	
	④ 你的爱好是什么？		5	
语法	① 他家有几口人？		10	
	② 现在几点？		10	
	③ 她买了几本书？		10	
	④ 香蕉比草莓贵多少？		10	
阅读	① wǒ jué de zài Zhōng guó guò chūn jié hěn yǒu yì si. 我觉得在中国过春节很有意思。		5	
	② liǎng nián qián, wǒ hé wǒ de péng you yì qǐ qù Zhōng guó lǚ yóu. 两年前，我和我的朋友一起去中国旅游。		5	
	③ tīng tiān qì yù bào shuō míng tiān xià yǔ. 听天气预报说明天下雨。		5	
	④ nǐ xiǎng chī Zhōng guó cài de huà, jīn wǎn gēn wǒ yì qǐ qù ba. 你想吃中国菜的话，今晚跟我一起去吧。		5	
	총점			

Part 1
실전 모의고사

아는 만큼 정확하고 자신있게!

실전 모의고사 1

TSC 중국어 말하기 시험
Test of Spoken Chinese

第一部分：自我介绍(4题)　　　　　　　　　　1-4/26

在这部分考试中，你将听到四个简单的文句。请听到提示音之后开始回答。每道题的回答时间是10秒。
下面开始提问。

问题 1　你叫什么名字？

提示音 _____(10秒)_____ 结束。

问题 2　请说出你的出生年月日。

提示音 _____(10秒)_____ 结束。

问题 3　你家有几口人？

提示音 _____(10秒)_____ 结束。

问题 4　你在什么地方工作？或者你在哪个学校上学？

提示音 _____(10秒)_____ 结束。

第二部分：看图回答(4题)

在这部分考试中，你将看到提示图，请看图回答下列问题，请听到提示音之后，准确地回答出来。每道题的回答时间是6秒。
下面开始提问。

问题 1

(3秒)　　提示音　　　　(6秒)　　　　结束。

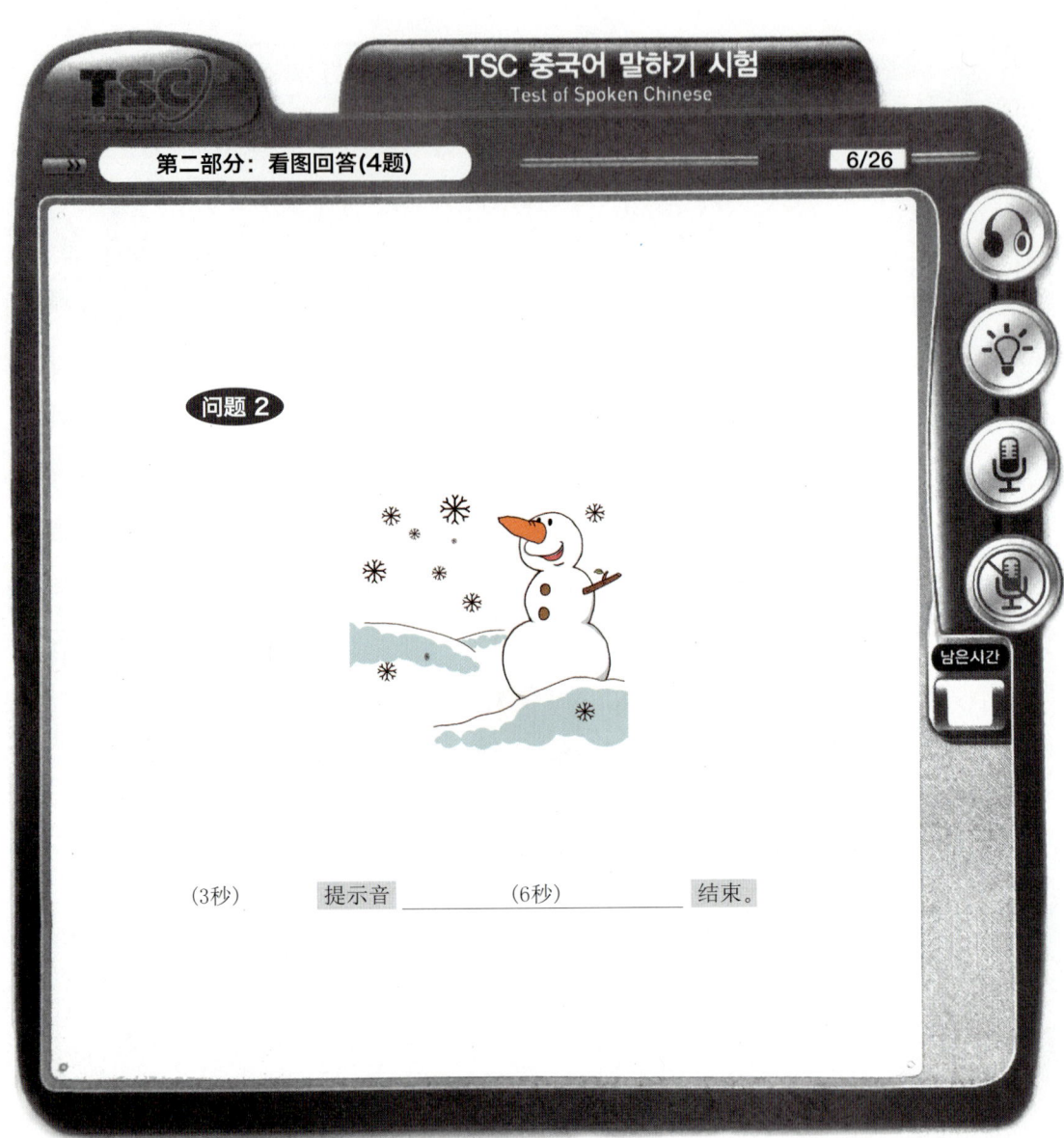

第三部分：快速回答(5题)

在这部分考试中，你需要完成五段简单的对话。这些对话出自不同的日常生活情景，在每段对话前，你将看到提示图。请尽量用完整的句子来回答，句子的长短和用词将影响你的分数。请听例句。

问题： 老张在吗？
回答1： 不在。
回答2： 他现在不在，你有什么事儿吗？要给他留言吗？

两种回答都可以，但第二种回答更完整更详细，你将得到较高的分数。请听到提示音之后开始回答问题。每道题的回答时间是15秒。下面开始提问。

第四部分：简短回答(5题)

在这部分考试中，你将听到五个问题。请尽量用完整的句子来回答，句子的长短和用词将影响你的分数。请听例句。

问题：　会餐时一般吃什么？
回答1：　一般吃五花肉。
回答2：　我喜欢去烤肉店吃五花肉。因为五花肉又便宜又好吃。
　　　　一边吃五花肉，一边喝酒。
　　　　不仅可以放松一下，而且也可以解除压力。

两种回答都可以，但第二种回答更完整更详细，你将得到较高的分数。请听到提示音之后开始回答问题。每道题请你用15秒思考，回答时间是25秒。
下面开始提问。

 问题 1　你要是在路上捡到了一个钱包的话怎么处理呢？

(15秒)　　提示音　　　　　(25秒)　　　　　结束。

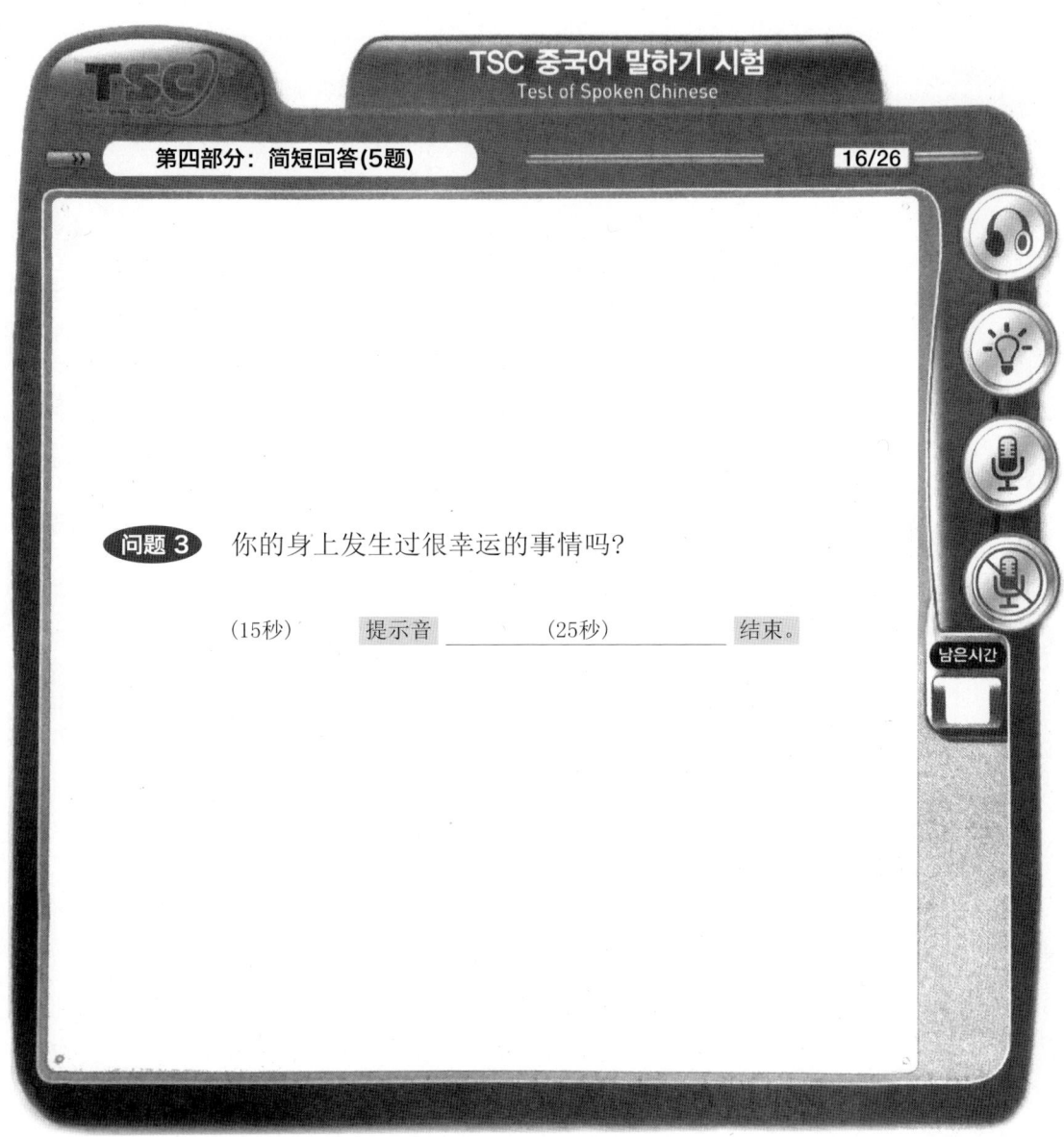

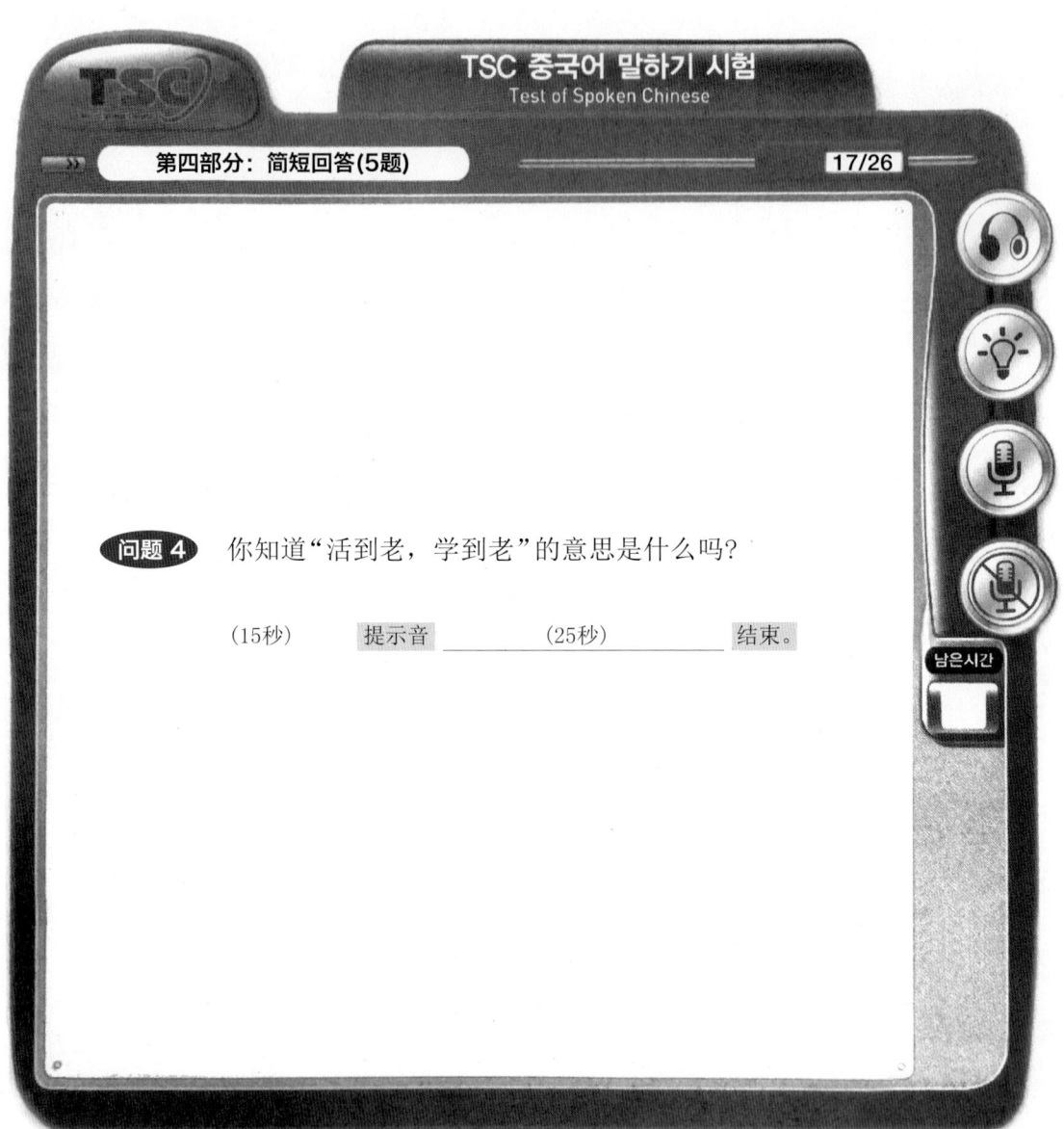

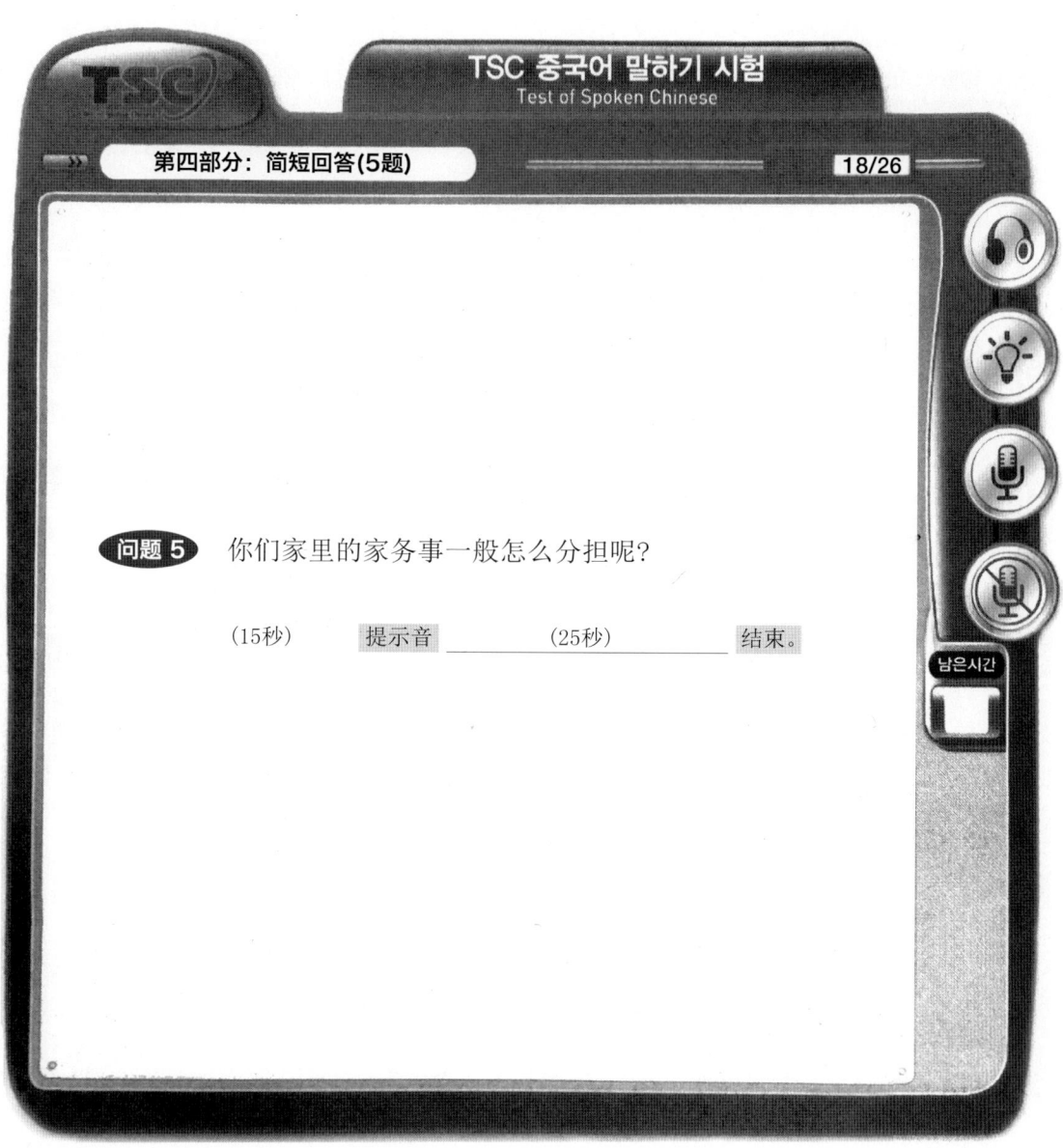

第五部分：拓展回答(4题)

在这部分考试中，你将听到五个问题，请发表你的观点和看法。请尽量用完整的句子回答，句子的长短和用词将影响你的分数。请听例句。

问题： 你喜欢喝茶还是喝咖啡？
回答1： 我喜欢喝咖啡。
回答2： 我喜欢喝咖啡。我特别喜欢跟朋友见面的时候一起去喝咖啡。一边喝咖啡，一边和朋友聊天，很有意思。

两种回答都可以，但第二种回答更完整更详细，你将得到较高的分数。请听到提示音之后开始回答问题。每道题请你用30秒思考，回答时间是50秒。
下面开始提问。

问题 1 最近很多年轻人都通过网络交朋友，你对这个现象有什么看法？

(30秒)　　提示音　　　(50秒)　　　结束。

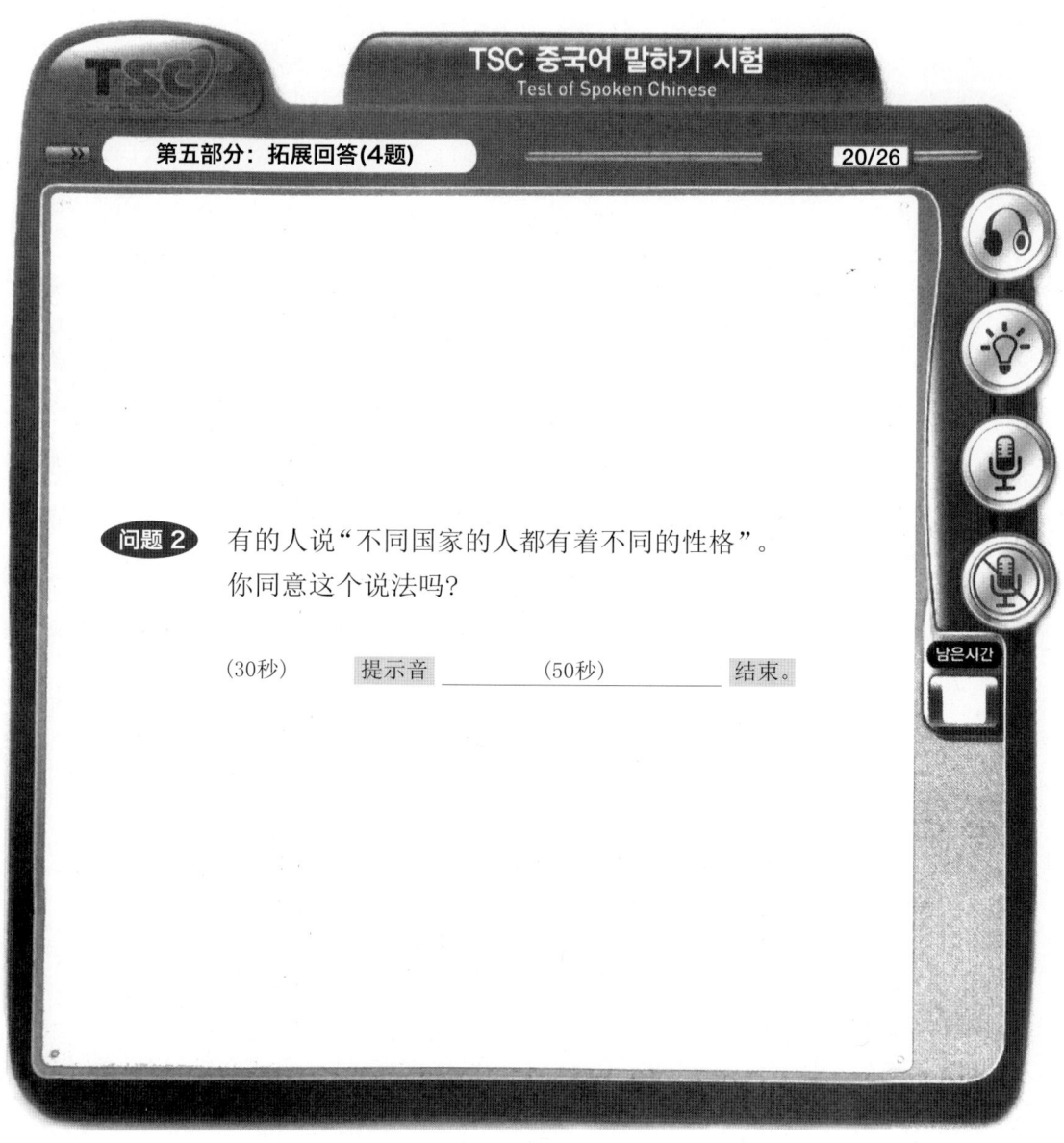

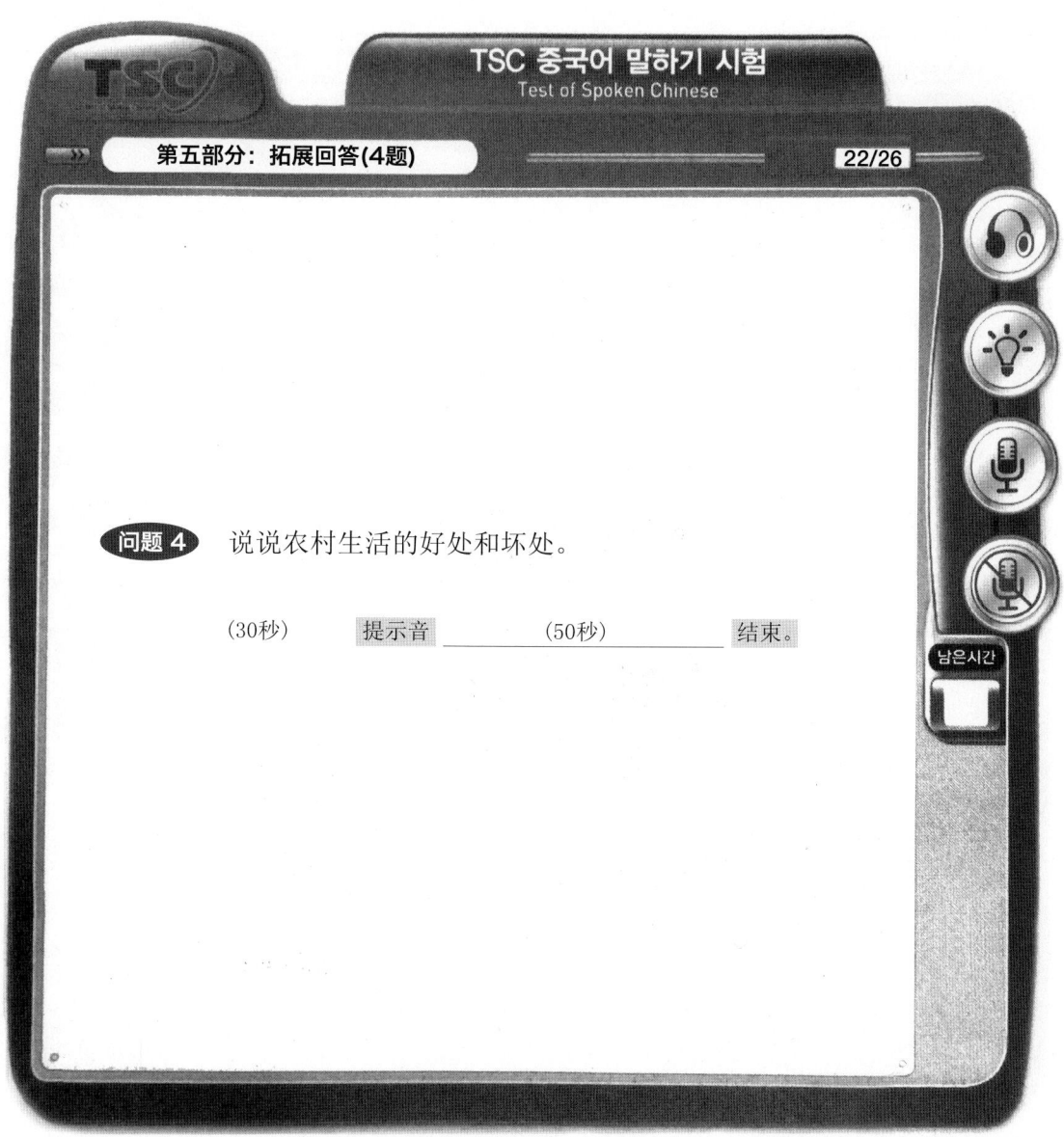

第六部分：情景应对(3题)　　　　　　　　　　　　　23/26

在这部分考试中，你将看到提示图，同时还将听到中文的情景叙述。假设你处于这种情况之下，你将如何应对。请尽量用完整的句子来回答，句子的长短和用词将影响你的分数。请听到提示音之后开始回答问题。每道题请你用30秒思考，回答时间是40秒。下面开始提问。

问题 1

你跟朋友已经约好下个月一起去旅游，
不过你有事儿不能去。你给朋友打电话延期一下吧。

(30秒)　　提示音　　　(40秒)　　　结束。

第六部分：情景应对(3题)　　　　　　　　　　24/26

问题 2

你要卖房子。向来看房子的人说明一下这套房子的优点。

(30秒)　　提示音　　　(40秒)　　　结束。

问题 3

做菜的时候发现，你忘了买酱油。请你在妈妈的立场上拜托女儿去买一瓶酱油回来。

(30秒)　　提示音　　　(40秒)　　　结束。

TSC 중국어 말하기 시험
Test of Spoken Chinese

第七部分：看图说话(1题)　　　　　　　　　　　26/26

在这部分考试中，你将看到四幅连续的图片。请你根据图片的内容讲述一个完整的故事。请认真看下列四幅图片。(30秒)

现在请根据图片的内容讲述故事，请尽量完整，详细。
讲述时间是90秒。请听到提示音之后开始回答。

问题　　(30秒)　　提示音　　　　(90秒)　　　　结束。

# 실전 모의고사 2

TSC 중국어 말하기 시험
Test of Spoken Chinese

第一部分：自我介绍(4题) 1-4/26

在这部分考试中，你将听到四个简单的文句。请听到提示音之后开始回答。每道题的回答时间是10秒。
下面开始提问。

问题 1　你叫什么名字？

提示音 _____(10秒)_____ 结束。

问题 2　请说出你的出生年月日。

提示音 _____(10秒)_____ 结束。

问题 3　你家有几口人？

提示音 _____(10秒)_____ 结束。

问题 4　你在什么地方工作？或者你在哪个学校上学？

提示音 _____(10秒)_____ 结束。

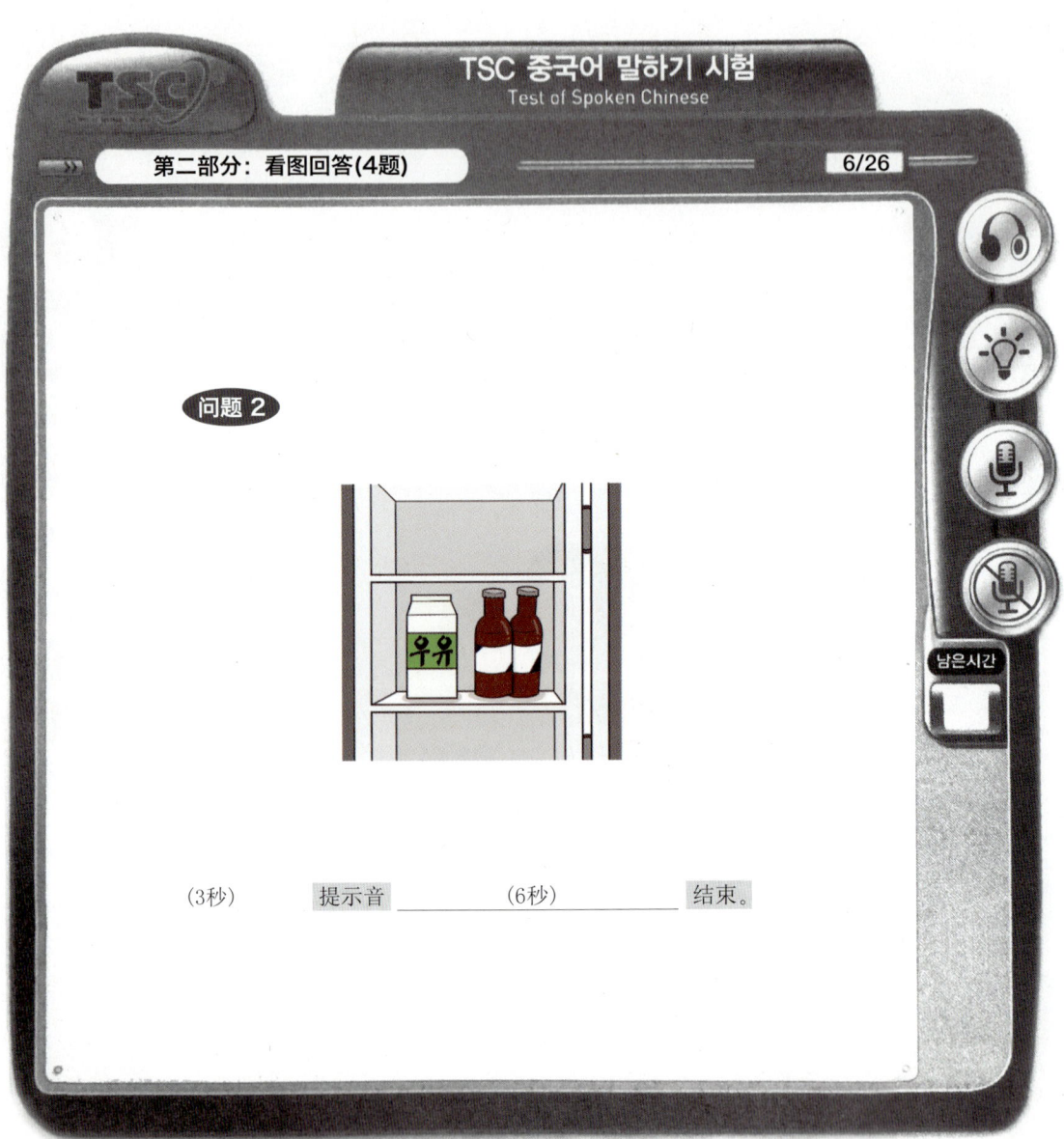

第三部分：快速回答(5题)

在这部分考试中，你需要完成五段简单的对话。这些对话出自不同的日常生活情景，在每段对话前，你将看到提示图。请尽量用完整的句子来回答，句子的长短和用词将影响你的分数。请听例句。

问题：　老张在吗？
回答1：　不在。
回答2：　他现在不在，你有什么事儿吗？要给他留言吗？

两种回答都可以，但第二种回答更完整更详细，你将得到较高的分数。请听到提示音之后开始回答问题。每道题的回答时间是15秒。
下面开始提问。

第四部分：简短回答(5题)　　　　　　　　　14/26

在这部分考试中，你将听到五个问题。请尽量用完整的句子来回答，句子的长短和用词将影响你的分数。请听例句。

问题：　　会餐时一般吃什么？
回答1：　一般吃五花肉。
回答2：　我喜欢去烤肉店吃五花肉。因为五花肉又便宜又好吃。
　　　　　一边吃五花肉，一边喝酒。
　　　　　不仅可以放松一下，而且也可以解除压力。

两种回答都可以，但第二种回答更完整更详细，你将得到较高的分数。请听到提示音之后开始回答问题。每道题请你用15秒思考，回答时间是25秒。
下面开始提问。

 你的收入当中大概有多少钱花在买衣服上？

　　　(15秒)　　提示音　　　　(25秒)　　　　结束。

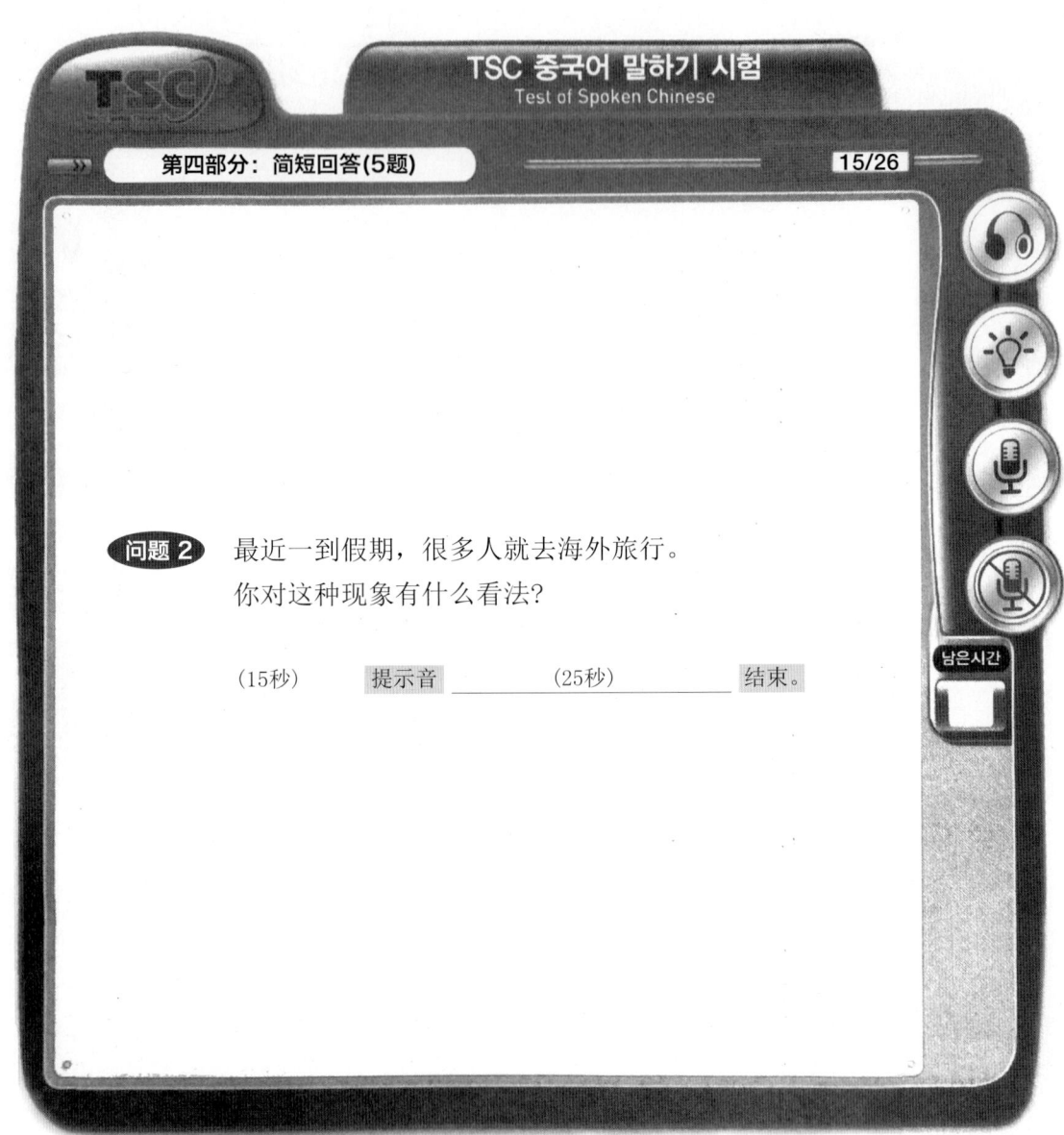

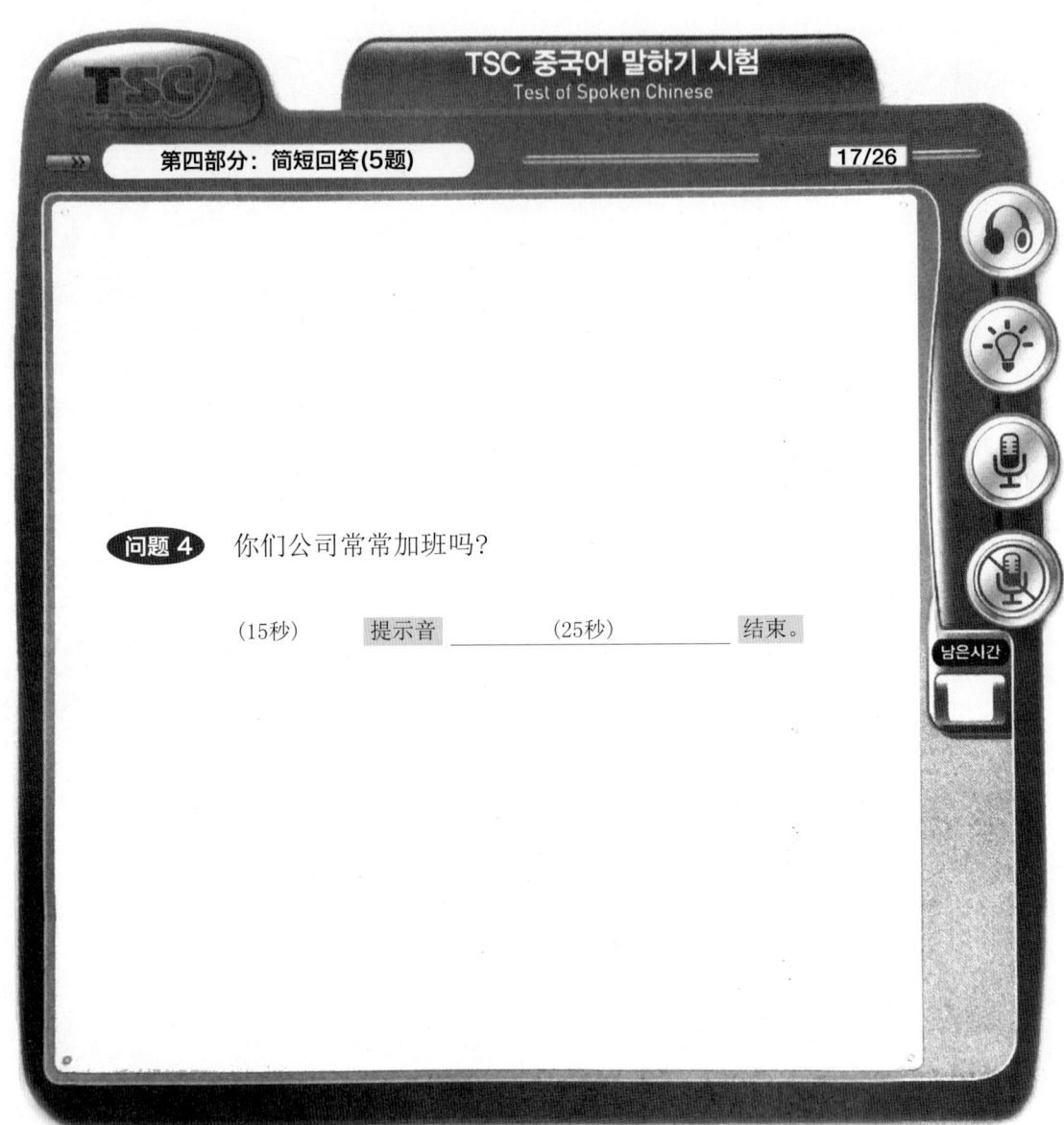

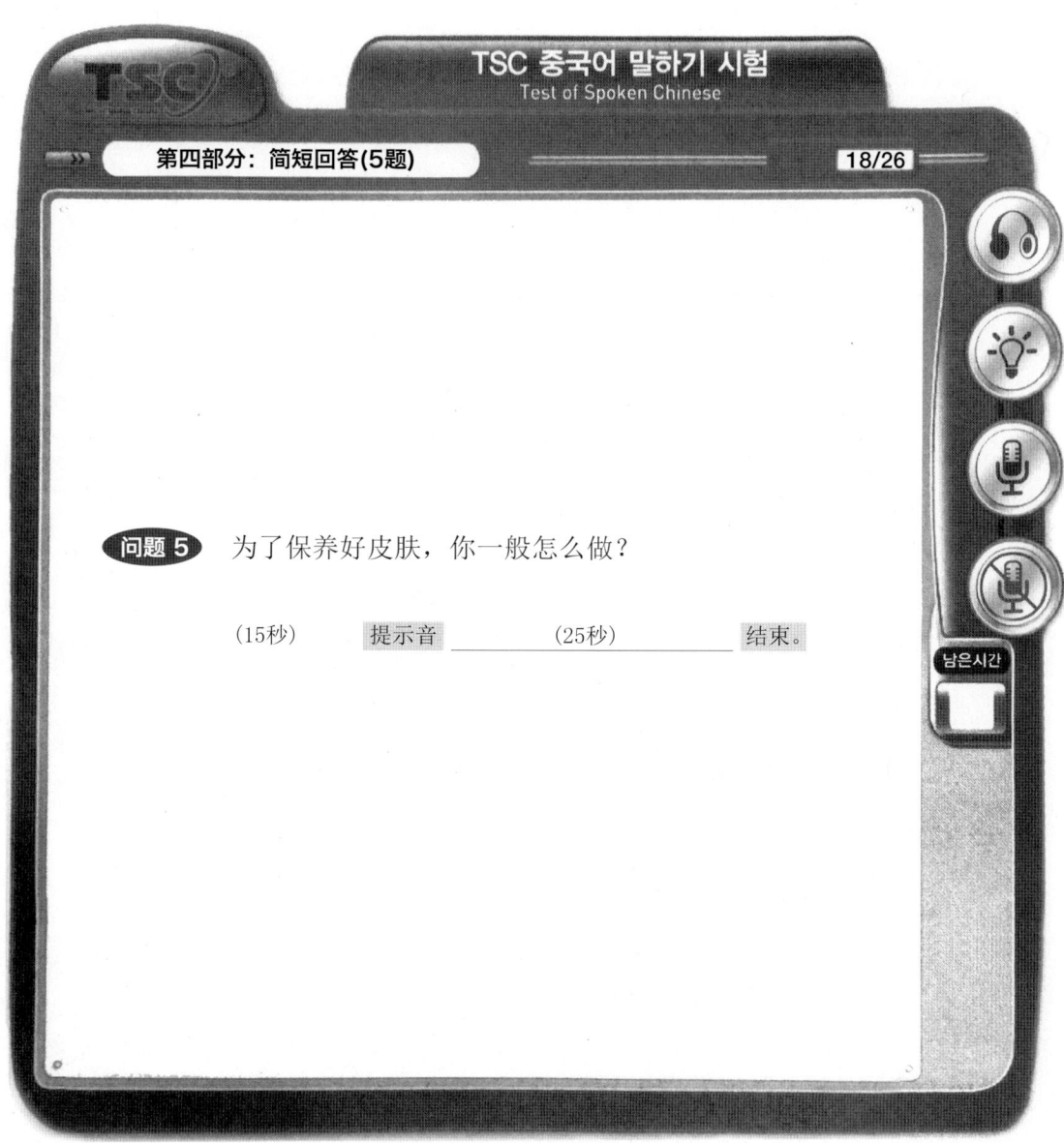

第五部分：拓展回答(4题)

在这部分考试中，你将听到五个问题，请发表你的观点和看法。请尽量用完整的句子回答，句子的长短和用词将影响你的分数。请听例句。

问题： 你喜欢喝茶还是喝咖啡？
回答1： 我喜欢喝咖啡。
回答2： 我喜欢喝咖啡。我特别喜欢跟朋友见面的时候一起去喝咖啡。一边喝咖啡，一边和朋友聊天，很有意思。

两种回答都可以，但第二种回答更完整更详细，你将得到较高的分数。请听到提示音之后开始回答问题。每道题请你用30秒思考，回答时间是50秒。
下面开始提问。

问题 1 现在很多人都拥有手机，你觉得公用电话还有存在的必要吗？

(30秒)　　提示音　　　　(50秒)　　　　结束。

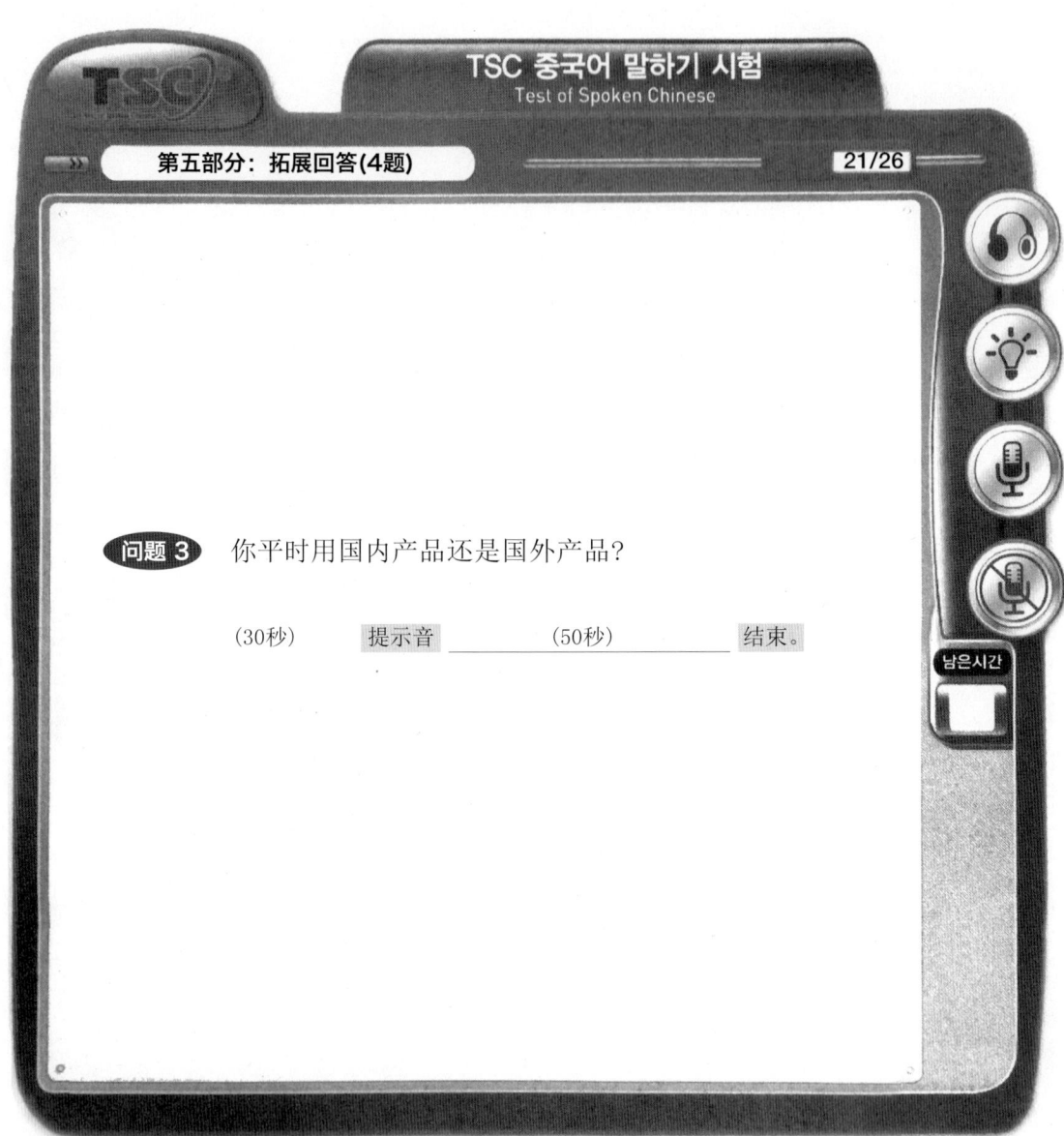

第六部分：情景应对(3题)   23/26

在这部分考试中，你将看到提示图，同时还将听到中文的情景叙述。假设你处于这种情况之下，你将如何应对。请尽量用完整的句子来回答，句子的长短和用词将影响你的分数。请听到提示音之后开始回答问题。每道题请你用30秒思考，回答时间是40秒。下面开始提问。

问题 1

你在百货商店买衣服后使用信用卡结了账。不过回家后才发现店员刷错了价格，你给百货商店打电话说明情况。

(30秒)　　提示音　　　(40秒)　　　结束。

TSC 중국어 말하기 시험
Test of Spoken Chinese

第六部分：情景应对(3题) 24/26

问题 2

下个星期一是你儿子的毕业典礼。请你向老板说明一下情况后请假。

(30秒) 提示音 ______(40秒)______ 结束。

남은시간

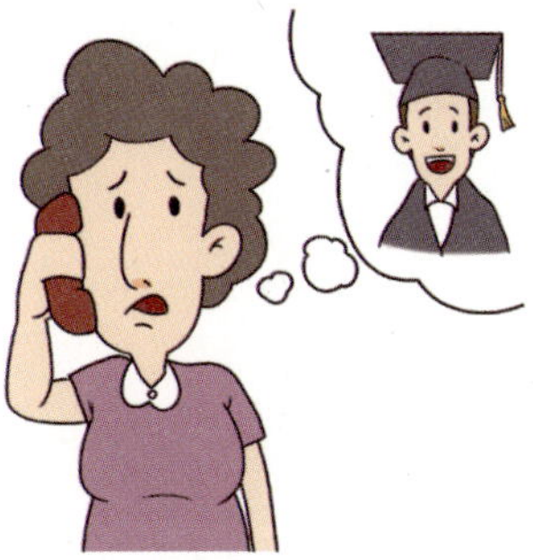

问题 3

你在百货商店里和孩子走散了。向有关工作人员描述一下你的孩子是什么样子。

(30秒)　提示音　　　　(40秒)　　　　结束。

第七部分：看图说话(1题)

26/26

在这部分考试中，你将看到四幅连续的图片。请你根据图片的内容讲述一个完整的故事。请认真看下列四幅图片。(30秒)

现在请根据图片的内容讲述故事，请尽量完整，详细。
讲述时间是90秒。请听到提示音之后开始回答。

问题　　(30秒)　　提示音_____(90秒)_____结束。

실전 모의고사 3

第一部分：自我介绍(4题)　　1-4/26

在这部分考试中，你将听到四个简单的文句。请听到提示音之后开始回答。每道题的回答时间是10秒。
下面开始提问。

问题 1　你叫什么名字?

提示音　(10秒)　结束。

问题 2　请说出你的出生年月日。

提示音　(10秒)　结束。

问题 3　你家有几口人?

提示音　(10秒)　结束。

问题 4　你在什么地方工作？或者你在哪个学校上学？

提示音　(10秒)　结束。

第二部分：看图回答(4题)

在这部分考试中，你将看到提示图，请看图回答下列问题，请听到提示音之后，准确地回答出来。每道题的回答时间是6秒。
下面开始提问。

问题 1

(3秒)　　提示音　　(6秒)　　结束。

第三部分：快速回答(5题)

在这部分考试中，你需要完成五段简单的对话。这些对话出自不同的日常生活情景，在每段对话前，你将看到提示图。请尽量用完整的句子来回答，句子的长短和用词将影响你的分数。请听例句。

问题：　老张在吗？
回答1：　不在。
回答2：　他现在不在，你有什么事儿吗？要给他留言吗？

两种回答都可以，但第二种回答更完整更详细，你将得到较高的分数。请听到提示音之后开始回答问题。每道题的回答时间是15秒。下面开始提问。

第四部分: 简短回答(5题)　　　　　　　　　　　14/26

在这部分考试中,你将听到五个问题。请尽量用完整的句子来回答,句子的长短和用词将影响你的分数。请听例句。

问题: 　会餐时一般吃什么?
回答1: 　一般吃五花肉。
回答2: 　我喜欢去烤肉店吃五花肉。因为五花肉又便宜又好吃。
　　　　一边吃五花肉,一边喝酒。
　　　　不仅可以放松一下,而且也可以解除压力。

两种回答都可以,但第二种回答更完整更详细,你将得到较高的分数。请听到提示音之后开始回答问题。每道题请你用15秒思考,回答时间是25秒。
下面开始提问。

 要是搬家的话,你想搬到哪儿?

　　　　(15秒)　　提示音　　　　(25秒)　　　　结束。

第四部分：简短回答(5题)

问题 3　你同意"压力是一种动力"这句话吗？

(15秒)　　提示音　　　(25秒)　　　结束。

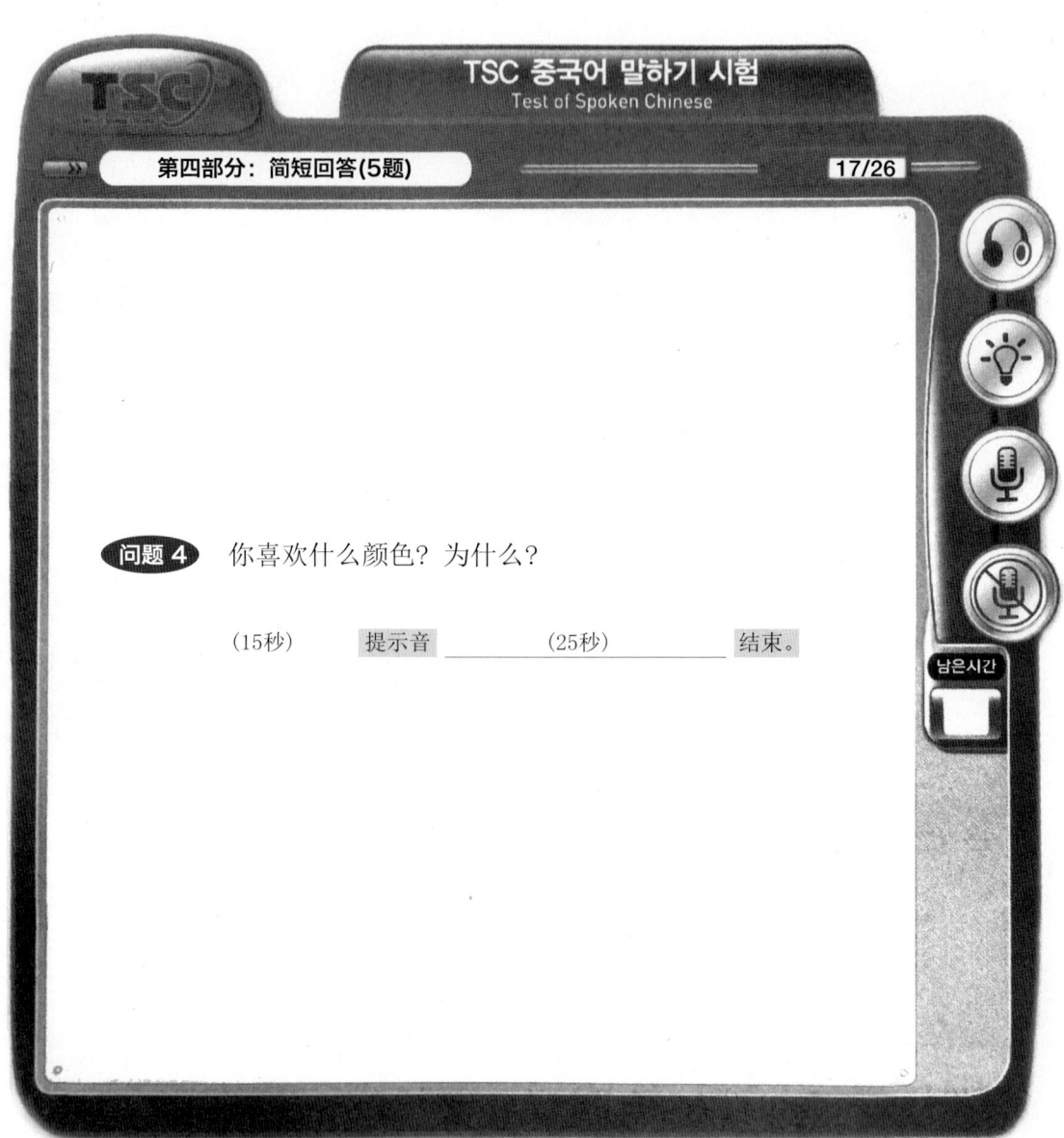

第四部分：简短回答(5题)

问题 5　你如何改掉了你的坏习惯？

(15秒)　　提示音　　　(25秒)　　　结束。

第五部分：拓展回答(4题)

在这部分考试中，你将听到五个问题，请发表你的观点和看法。请尽量用完整的句子回答，句子的长短和用词将影响你的分数。请听例句。

问题： 你喜欢喝茶还是喝咖啡？
回答1： 我喜欢喝咖啡。
回答2： 我喜欢喝咖啡。我特别喜欢跟朋友见面的时候一起去喝咖啡。一边喝咖啡，一边和朋友聊天，很有意思。

两种回答都可以，但第二种回答更完整更详细，你将得到较高的分数。请听到提示音之后开始回答问题。每道题请你用30秒思考，回答时间是50秒。
下面开始提问。

问题 1 你觉得家里有电视好还是没有电视好？

(30秒)　　提示音　　(50秒)　　结束。

第五部分：拓展回答(4题)　　　　　　　　　　20/26

 最近使用网络的人年龄越来越小，你对这种现象有什么样的看法？

(30秒)　　提示音　　　(50秒)　　　结束。

第五部分：拓展回答(4题)

问题 4　你觉得早婚好还是晚婚好？为什么？

(30秒)　　提示音　　　(50秒)　　　结束。

第六部分：情景应对(3题)   23/26

在这部分考试中，你将看到提示图，同时还将听到中文的情景叙述。假设你处于这种情况之下，你将如何应对。请尽量用完整的句子来回答，句子的长短和用词将影响你的分数。请听到提示音之后开始回答问题。每道题请你用30秒思考，回答时间是40秒。下面开始提问。

问题 1

你在路上遇见了你的小学同学，可是她认不出你来了。
你向她确认一下你是她的朋友。

(30秒)　　提示音　　　(40秒)　　　结束。

问题 2

放暑假了。可是你的妹妹整天在家看电视。
请你劝劝她。

(30秒)　　提示音　　　(40秒)　　　结束。

问题 3

你因为最近身体不好所以不能喝酒。
可是你同事向你劝酒。请你拒绝你的同事。

(30秒)　　提示音　　　(40秒)　　　结束。

第七部分：看图说话(1题) 26/26

在这部分考试中，你将看到四幅连续的图片。请你根据图片的内容讲述一个完整的故事。请认真看下列四幅图片。(30秒)

现在请根据图片的内容讲述故事，请尽量完整，详细。
讲述时间是90秒。请听到提示音之后开始回答。

问题　　(30秒)　　提示音＿＿＿＿(90秒)＿＿＿＿结束。

실전 모의고사 4

TSC 중국어 말하기 시험
Test of Spoken Chinese

第一部分：自我介绍(4题)　　　　　　　1-4/26

在这部分考试中，你将听到四个简单的文句。请听到提示音之后开始回答。每道题的回答时间是10秒。
下面开始提问。

问题 1　你叫什么名字？

提示音_____(10秒)_____结束。

问题 2　请说出你的出生年月日。

提示音_____(10秒)_____结束。

问题 3　你家有几口人？

提示音_____(10秒)_____结束。

问题 4　你在什么地方工作？或者你在哪个学校上学？

提示音_____(10秒)_____结束。

第二部分：看图回答(4题)   5/26

在这部分考试中，你将看到提示图，请看图回答下列问题，请听到提示音之后，准确地回答出来。每道题的回答时间是6秒。
下面开始提问。

问题 1

(3秒)   提示音 _____(6秒)_____ 结束。

第三部分：快速回答(5题)

在这部分考试中，你需要完成五段简单的对话。这些对话出自不同的日常生活情景，在每段对话前，你将看到提示图。请尽量用完整的句子来回答，句子的长短和用词将影响你的分数。请听例句。

问题：　老张在吗?
回答1：　不在。
回答2：　他现在不在，你有什么事儿吗? 要给他留言吗?

两种回答都可以，但第二种回答更完整更详细，你将得到较高的分数。请听到提示音之后开始回答问题。每道题的回答时间是15秒。下面开始提问。

第四部分：简短回答(5题)　　　　　　　　　　14/26

在这部分考试中，你将听到五个问题。请尽量用完整的句子来回答，句子的长短和用词将影响你的分数。请听例句。

问题：　会餐时一般吃什么？
回答1：　一般吃五花肉。
回答2：　我喜欢去烤肉店吃五花肉。因为五花肉又便宜又好吃。
　　　　　一边吃五花肉，一边喝酒。
　　　　　不仅可以放松一下，而且也可以解除压力。

两种回答都可以，但第二种回答更完整更详细，你将得到较高的分数。请听到提示音之后开始回答问题。每道题请你用15秒思考，回答时间是25秒。
下面开始提问。

 你喜欢照相吗？为什么？

(15秒)　　提示音　　　　(25秒)　　　　结束。

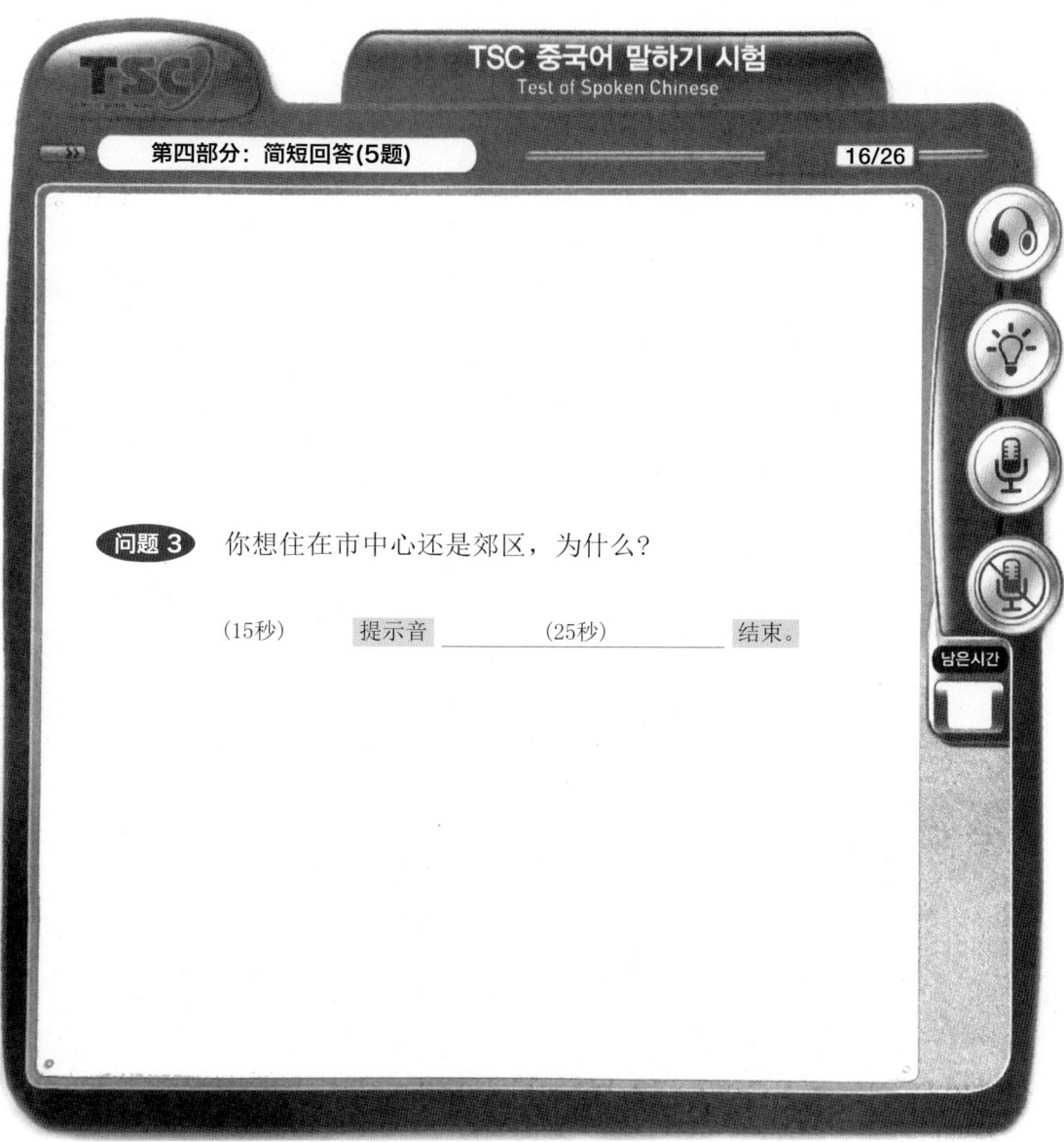

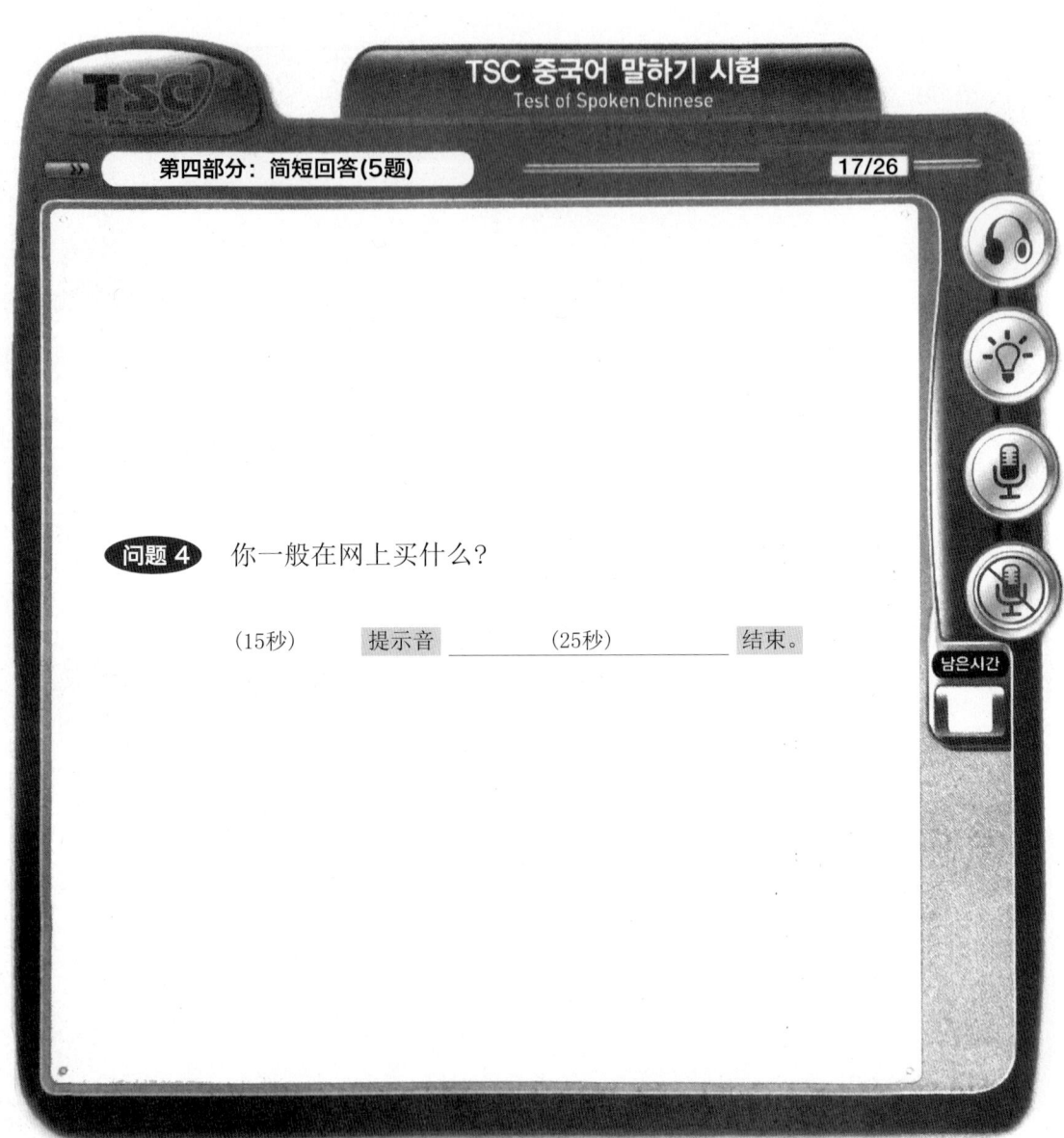

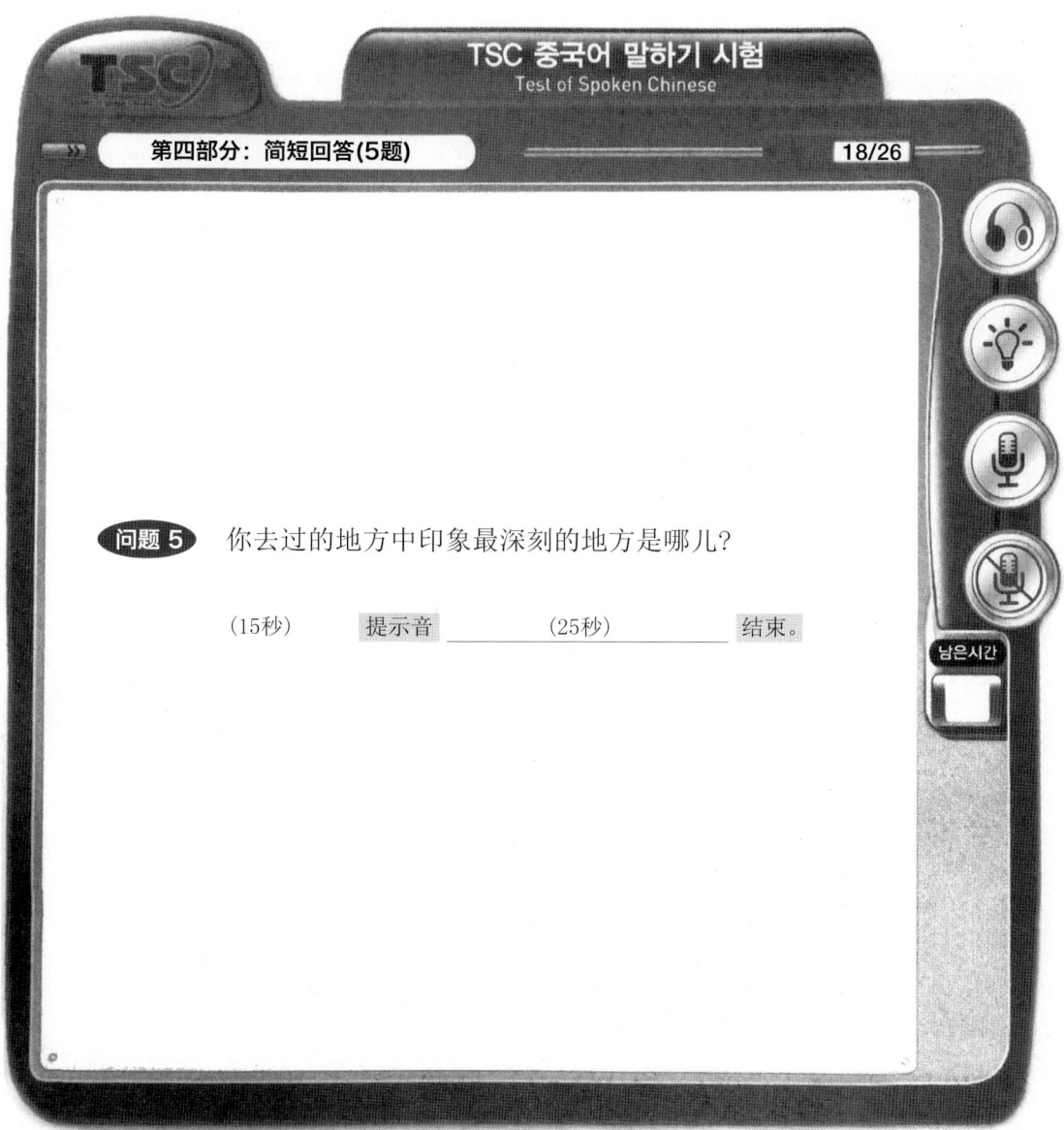

第五部分：拓展回答(4题)

在这部分考试中，你将听到五个问题，请发表你的观点和看法。请尽量用完整的句子回答，句子的长短和用词将影响你的分数。请听例句。

问题： 你喜欢喝茶还是喝咖啡？
回答1： 我喜欢喝咖啡。
回答2： 我喜欢喝咖啡。我特别喜欢跟朋友见面的时候一起去喝咖啡。一边喝咖啡，一边和朋友聊天，很有意思。

两种回答都可以，但第二种回答更完整更详细，你将得到较高的分数。请听到提示音之后开始回答问题。每道题请你用30秒思考，回答时间是50秒。
下面开始提问。

问题 1 你觉得目前离婚率越来越高的原因是什么？

(30秒)　　提示音　　　(50秒)　　　结束。

第五部分：拓展回答(4题)

问题 2　你同意"科技越发展，人们的生活质量越差。"这句话吗?

(30秒)　　提示音　　　(50秒)　　　结束。

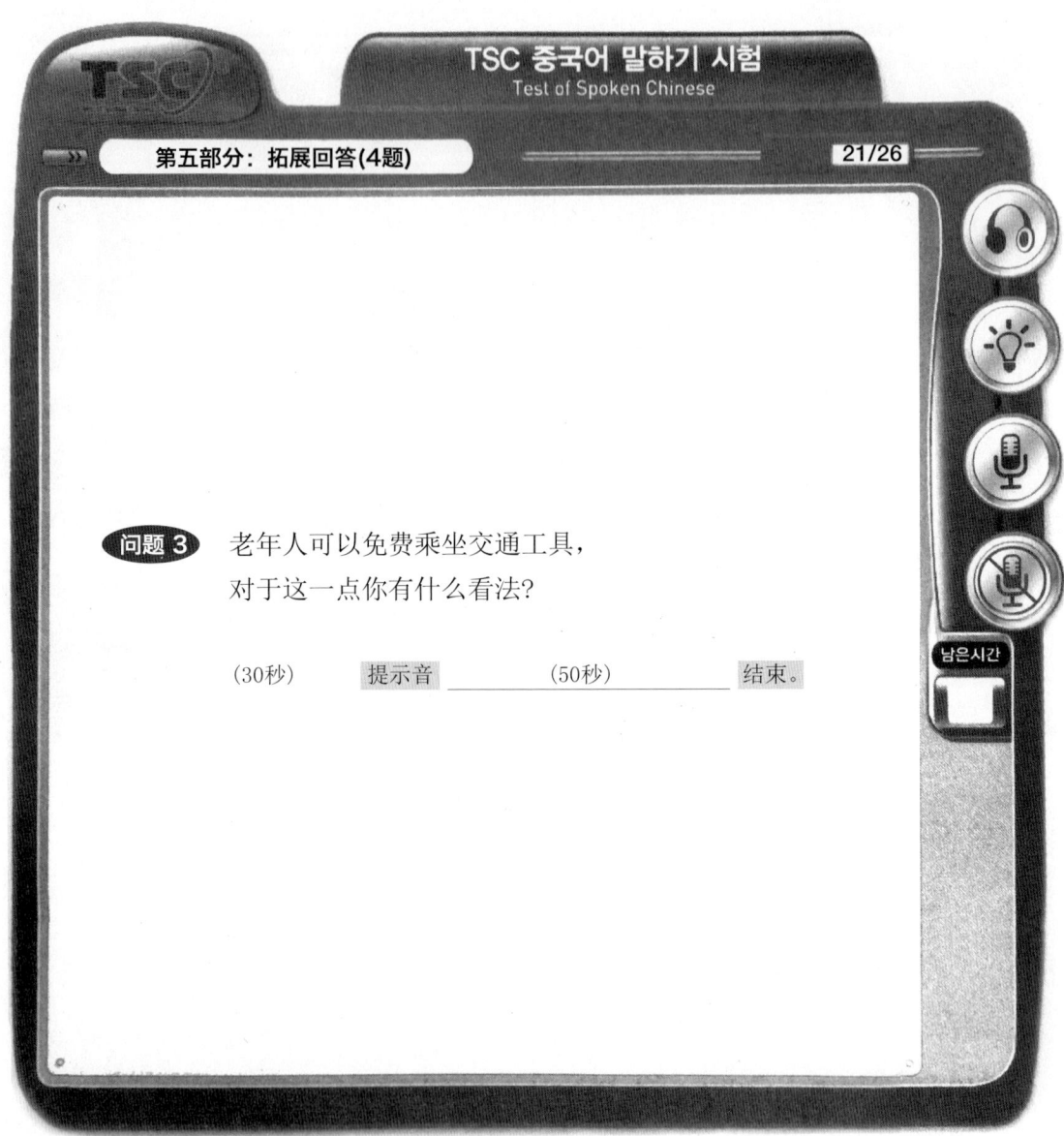

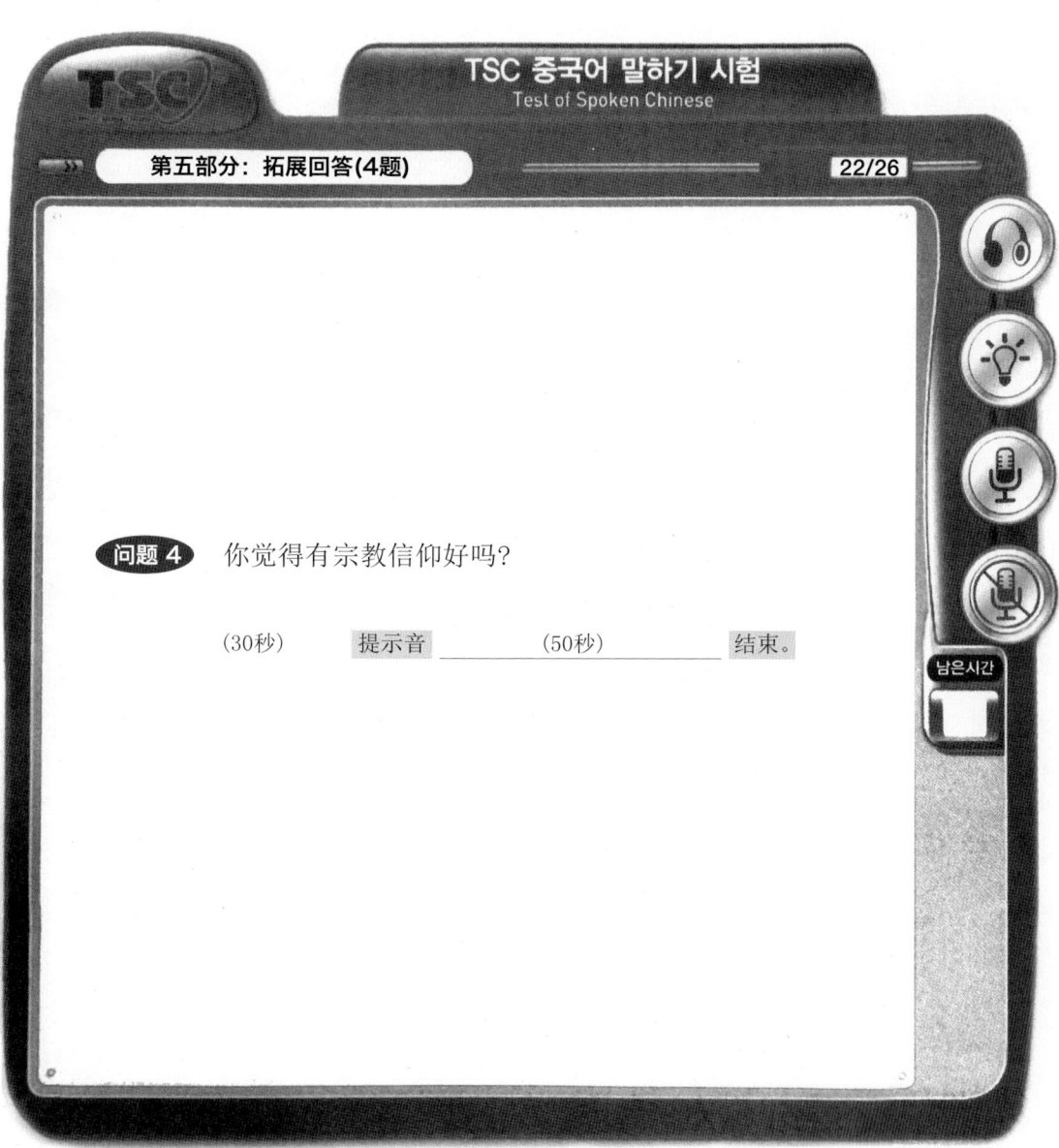

第六部分：情景应对(3题)　　　　　　　　　　　　　23/26

在这部分考试中，你将看到提示图，同时还将听到中文的情景叙述。假设你处于这种情况之下，你将如何应对。请尽量用完整的句子来回答，句子的长短和用词将影响你的分数。请听到提示音之后开始回答问题。每道题请你用30秒思考，回答时间是40秒。下面开始提问。

问题 1

今天你要加班所以不能去幼儿园接孩子。你给你的丈夫(或者妻子)打电话说明你的情况后请他下班后去接孩子。

(30秒)　　提示音 ＿＿＿＿(40秒)＿＿＿＿ 结束。

第六部分：情景应对(3题)   24/26

问题 2

今天你第一天上班。给同事们介绍一下你自己。

(30秒)　　提示音　　　(40秒)　　　结束。

第七部分：看图说话(1题)

在这部分考试中，你将看到四幅连续的图片。请你根据图片的内容讲述一个完整的故事。请认真看下列四幅图片。(30秒)

现在请根据图片的内容讲述故事，请尽量完整，详细。讲述时间是90秒。请听到提示音之后开始回答。

问题　　(30秒)　　提示音　　(90秒)　　结束。

실전 모의고사 5

TSC 중국어 말하기 시험
Test of Spoken Chinese

第一部分：自我介绍(4题)　　1-4/26

在这部分考试中，你将听到四个简单的文句。请听到提示音之后开始回答。每道题的回答时间是10秒。
下面开始提问。

问题 1　你叫什么名字？

　　　　　提示音　　　(10秒)　　　结束。

问题 2　请说出你的出生年月日。

　　　　　提示音　　　(10秒)　　　结束。

问题 3　你家有几口人？

　　　　　提示音　　　(10秒)　　　结束。

问题 4　你在什么地方工作？或者你在哪个学校上学？

　　　　　提示音　　　(10秒)　　　结束。

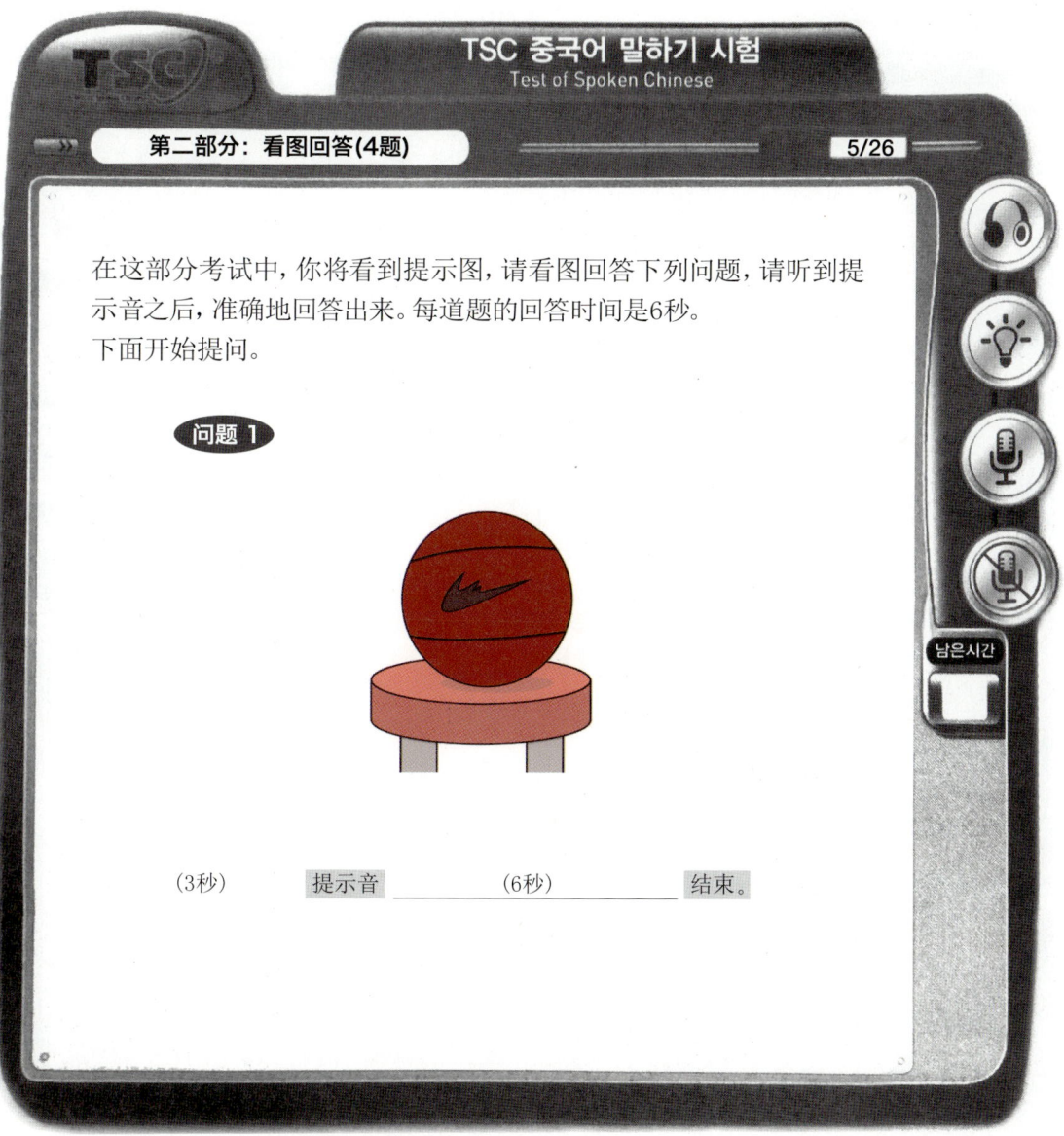

第三部分：快速回答(5题)

在这部分考试中，你需要完成五段简单的对话。这些对话出自不同的日常生活情景，在每段对话前，你将看到提示图。请尽量用完整的句子来回答，句子的长短和用词将影响你的分数。请听例句。

问题： 老张在吗？
回答1： 不在。
回答2： 他现在不在，你有什么事儿吗？要给他留言吗？

两种回答都可以，但第二种回答更完整更详细，你将得到较高的分数。请听到提示音之后开始回答问题。每道题的回答时间是15秒。下面开始提问。

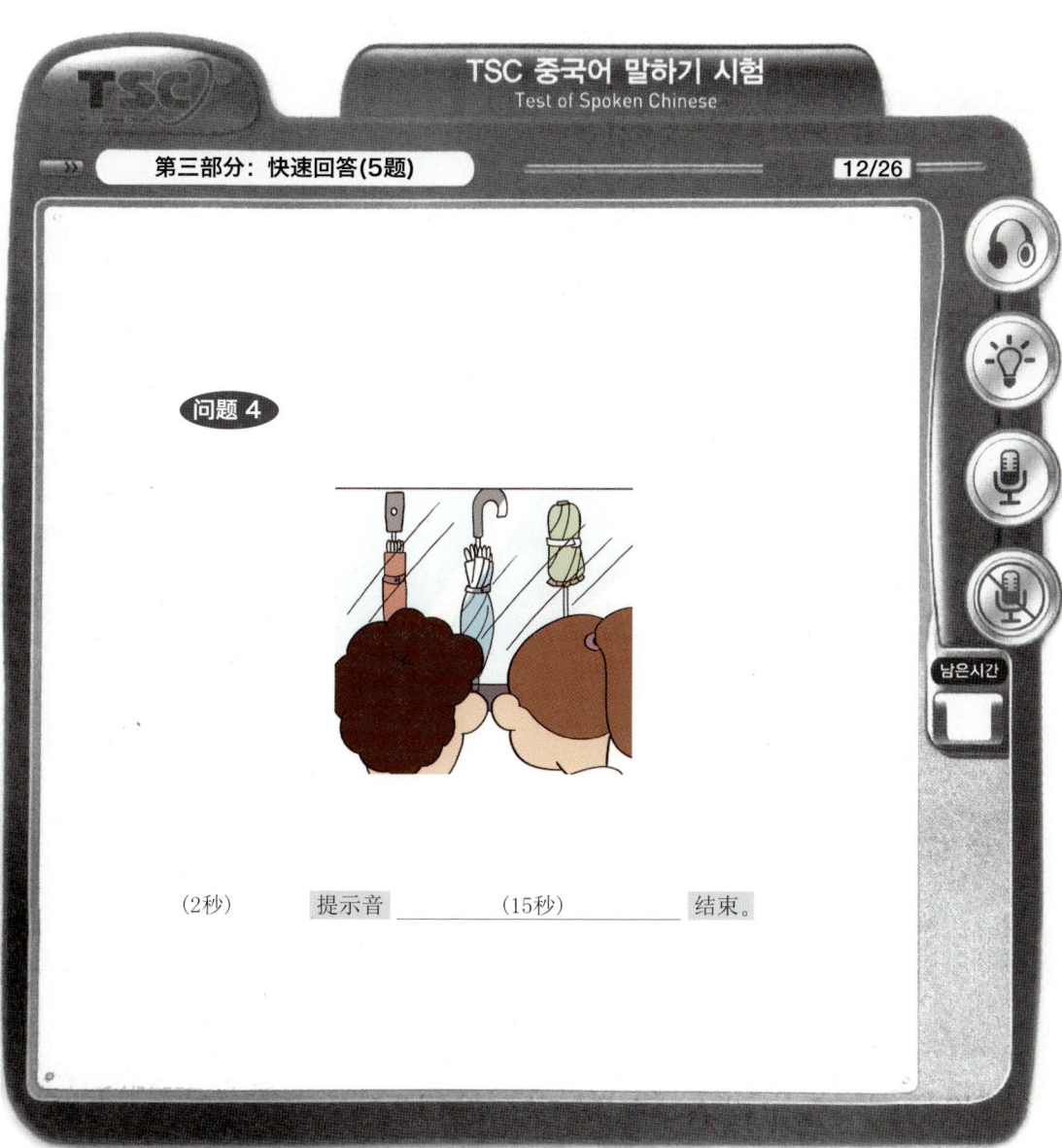

第四部分：简短回答(5题) 14/26

在这部分考试中，你将听到五个问题。请尽量用完整的句子来回答，句子的长短和用词将影响你的分数。请听例句。

问题： 会餐时一般吃什么?
回答1： 一般吃五花肉。
回答2： 我喜欢去烤肉店吃五花肉。因为五花肉又便宜又好吃。
一边吃五花肉, 一边喝酒。
不仅可以放松一下, 而且也可以解除压力。

两种回答都可以，但第二种回答更完整更详细，你将得到较高的分数。请听到提示音之后开始回答问题。每道题请你用15秒思考，回答时间是25秒。
下面开始提问。

问题 1　你居住的地方交通方便吗?

(15秒)　提示音　　　(25秒)　　　结束。

第四部分：简短回答(5题)　　　　　　　　　　　15/26

问题 2　你跟同事们相处得怎么样？

(15秒)　　提示音　　(25秒)　　结束。

第四部分: 简短回答(5题)

问题 3 你常常用一次性用品吗?

(15秒)　　提示音　　(25秒)　　结束。

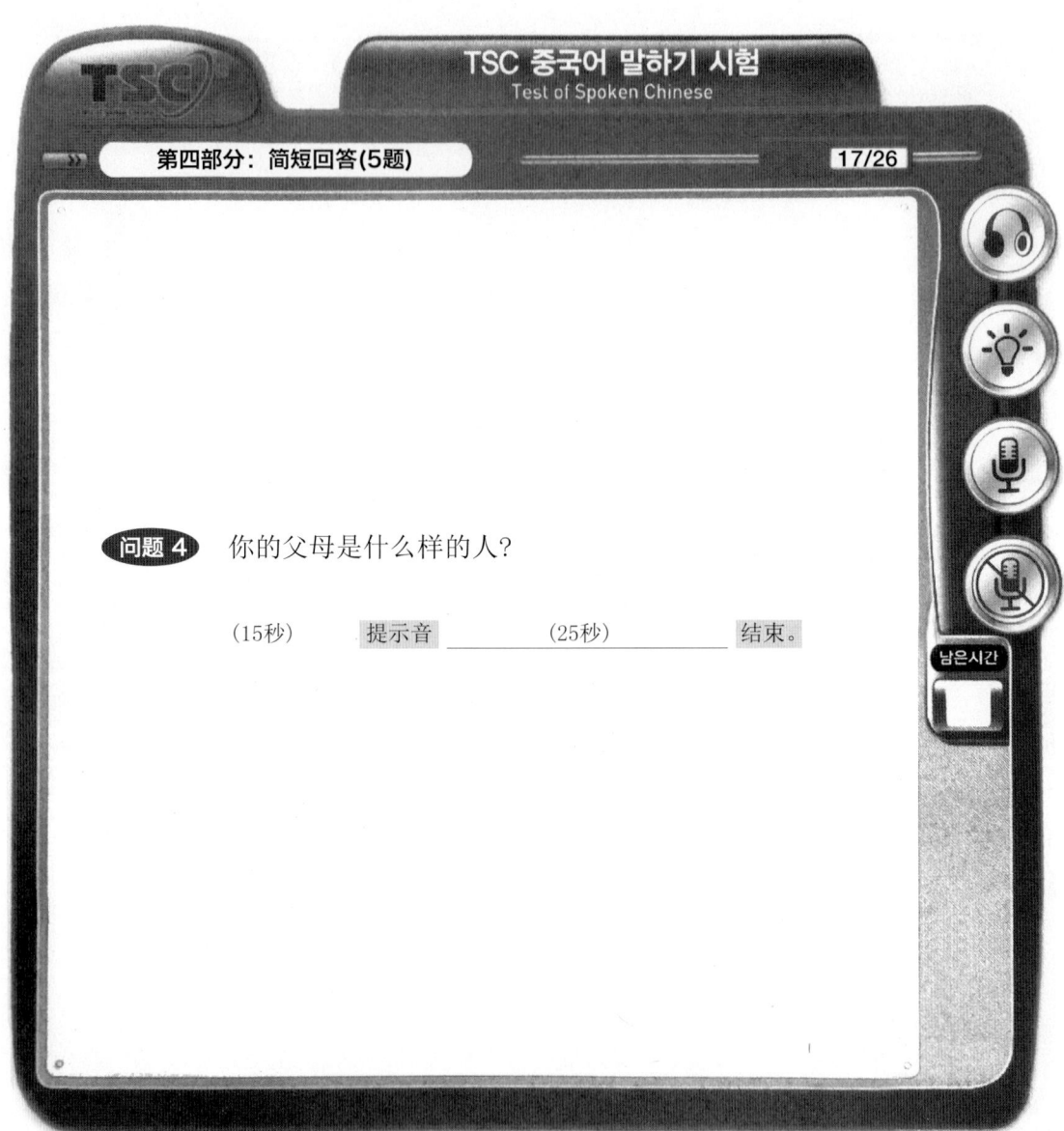

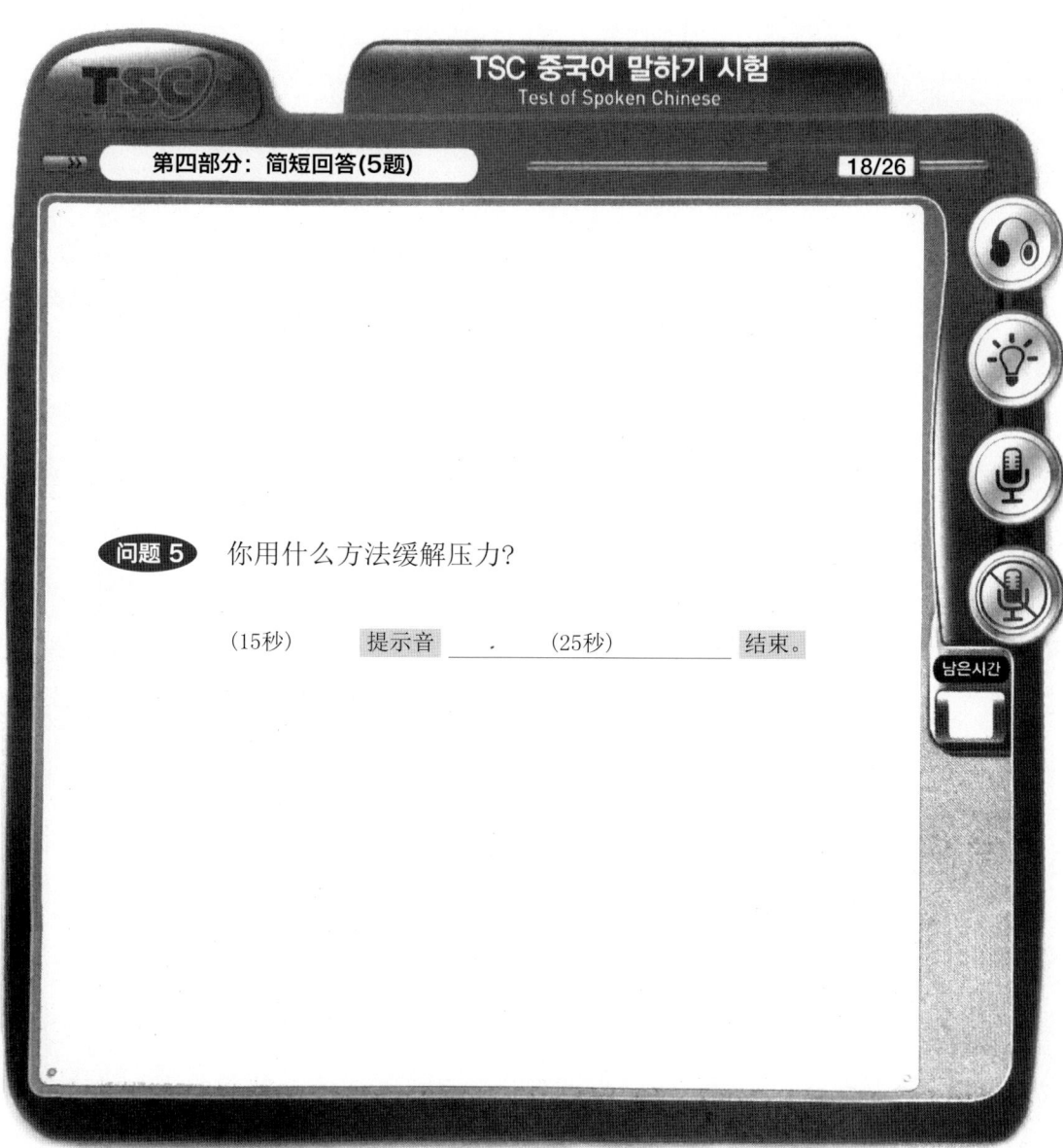

第五部分：拓展回答(4题)

在这部分考试中，你将听到五个问题，请发表你的观点和看法。请尽量用完整的句子回答，句子的长短和用词将影响你的分数。请听例句。

问题： 你喜欢喝茶还是喝咖啡？
回答1： 我喜欢喝咖啡。
回答2： 我喜欢喝咖啡。我特别喜欢跟朋友见面的时候一起去喝咖啡。一边喝咖啡，一边和朋友聊天，很有意思。

两种回答都可以，但第二种回答更完整更详细，你将得到较高的分数。请听到提示音之后开始回答问题。每道题请你用30秒思考，回答时间是50秒。
下面开始提问。

问题 1 越来越的多的人移民海外，对于这种现象，你认为是什么原因造成的？

(30秒)　　提示音　　　　(50秒)　　　　结束。

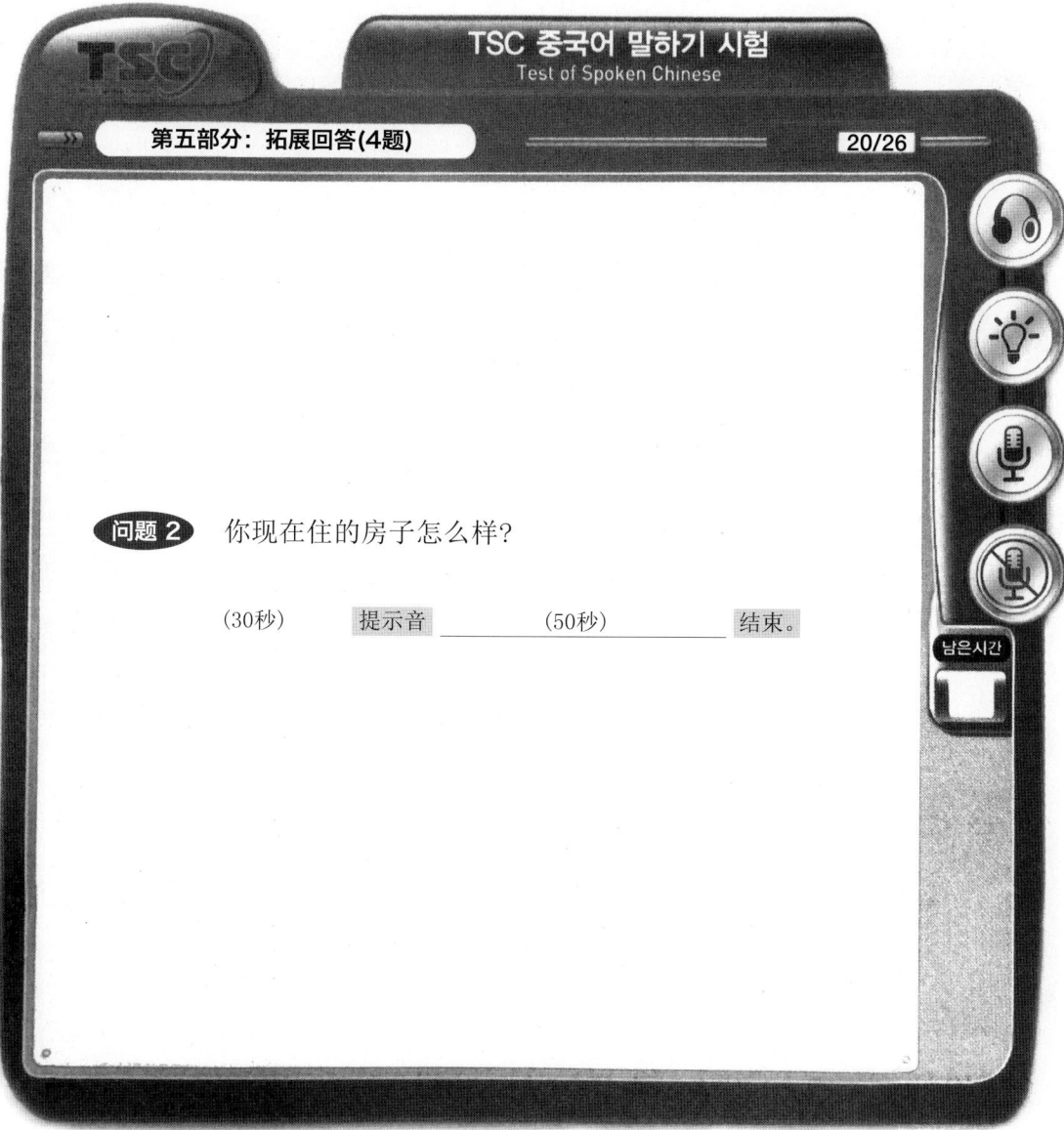

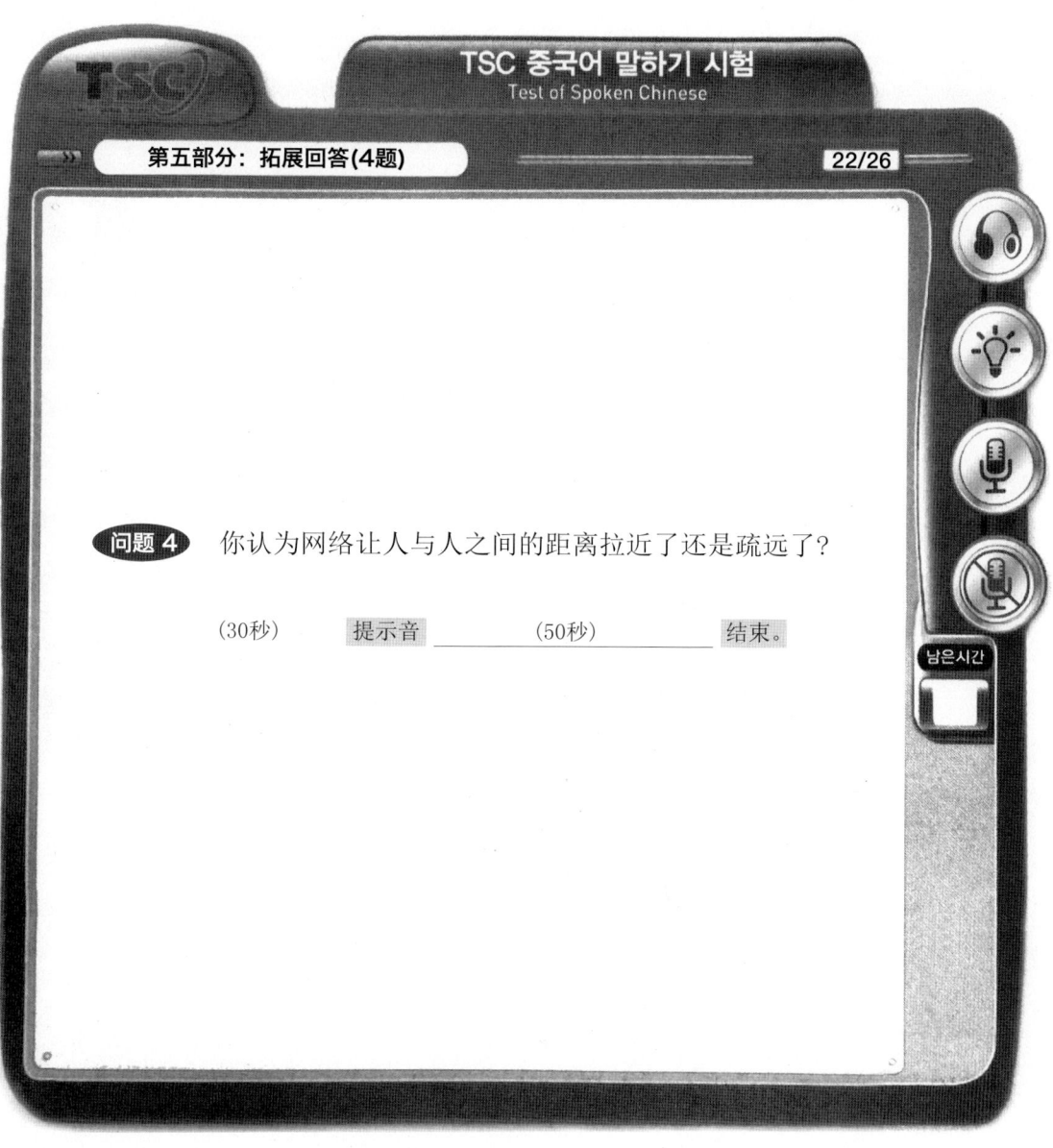

第六部分：情景应对(3题)

在这部分考试中，你将看到提示图，同时还将听到中文的情景叙述。假设你处于这种情况之下，你将如何应对。请尽量用完整的句子来回答，句子的长短和用词将影响你的分数。请听到提示音之后开始回答问题。每道题请你用30秒思考，回答时间是40秒。下面开始提问。

问题 1

你上个星期买了一台空调。不过用了几天就坏了。请你给电子商城打电话说明情况后解决这个问题。

(30秒)　　提示音　　　　(40秒)　　　　结束。

第六部分：情景应对(3题) 24/26

问题 2

你的妹妹迷恋于明星不学习。你在姐姐的立场上给你的妹妹进行忠告。

(30秒)　提示音　　　(40秒)　　　结束。

第七部分：看图说话(1题)　　　　　　　　　　26/26

在这部分考试中，你将看到四幅连续的图片。请你根据图片的内容讲述一个完整的故事。请认真看下列四幅图片。(30秒)

现在请根据图片的内容讲述故事，请尽量完整，详细。讲述时间是90秒。请听到提示音之后开始回答。

问题　　(30秒)　　提示音　　　　(90秒)　　　　结束。

Part 2
실전 모의고사 답안

실전 모의고사 답안

실전 모의고사 1

第二部分 : 看图回答

1 질문 他几点吃午饭?

예시답안 他12点一刻吃午饭。
tā shí èr diǎn yí kè chī wǔ fàn.

한글해석 질문: 그는 몇 시에 밥을 먹습니까?
예시답안: 그는 12시 15분에 밥을 먹습니다.

단어
- 几 [jǐ] ㈜ 몇, 얼마
- 点 [diǎn] 몡 시
- 吃 [chī] 동 먹다
- 午饭 [wǔfàn] 몡 점심
- 一刻 [yíkè] 15분

Tip 시간을 묻는 문제는 자주 출제되는 유형이다. 시간은 '点', 분은 '分'으로 말할 수 있는데 15분은 '十五分'말고 '一刻'라고도 말할 수 있다.

2 질문 现在是什么季节?

예시답안 现在是冬天。
xiàn zài shì dōng tiān.

한글해석 질문: 지금은 무슨 계절입니까?
예시답안: 지금은 겨울입니다.

단어
- 现在 [xiànzài] 몡 지금
- 是 [shì] 동 ~이다
- 什么 [shénme] 데 무엇
- 季节 [jìjié] 몡 계절
- 冬天 [dōngtiān] 몡 겨울

Tip 계절을 나타내는 중국어 표현에는 '春天、夏天、秋天、冬天'이 있다. 각 계절의 날씨 특징을 나타내는 어휘들도 함께 익혀 두도록 하자.
예 春天 [chūntiān] 봄: 暖和 [nuǎnhuo] 따뜻하다
　 开花 [kāihuā] 꽃이 피다
　 夏天 [xiàtiān] 여름: 炎热 [yánrè] 무덥다
　 闷热 [mēnrè] 찌는 듯이 덥다 | 梅雨 [méiyǔ] 장마
　 秋天 [qiūtiān] 가을: 凉快 [liángkuai] 시원하다
　 天高气爽 [tiāngāoqìshuǎng] 하늘이 높고 바람이 선선하다
　 冬天 [dōngtiān] 겨울: 寒冷 [hánlěng] 춥고 차다
　 下雪 [xiàxuě] 눈이 내리다

3 질문 哪个最便宜?

예시답안 帽子最便宜, 18块钱。
mào zi zuì pián yi, shí bā kuài qián.

한글해석 질문: 어느 것이 가장 쌉니까?
예시답안: 모자가 가장 쌉니다. 18원입니다.

단어
- 哪个 [nǎge] 데 어느
- 最 [zuì] 튀 가장
- 便宜 [piányi] 혱 싸다
- 帽子 [màozi] 몡 모자
- 块 [kuài] 위안

Tip '哪'는 '어느, 어떤'이라는 뜻의 의문사로 양사나 수량사 앞에 쓰여 같은 범위 안의 사물 가운데 확인을 요하는 의문문을 만든다.
예 请问, 哪位是王经理?
　 실례합니다. 어느 분이 왕사장님이신가요?
　 你在哪个部门工作? 당신은 어느 부서에서 일합니까?

4 질문 她住在几号房间?

예시답안 她住在2514号房间。
tā zhù zài èr wǔ yāo sì hào fáng jiān.

한글해석 질문: 그녀는 몇 호실에 거주하고 있습니까?
예시답안: 그녀는 2514호에 거주하고 있습니다.

단어
- 住 [zhù] 동 살다
- 在 [zài] 전 ~에
- 几 [jǐ] ㈜ 몇, 얼마
- 号 [hào] 몡 호
- 房间 [fángjiān] 몡 방

Tip 핸드폰 번호, 방 번호, 차 번호 등과 같이 나열된 숫자를 읽을 때에는 한자리씩 읽는다. 이 때 숫자 '一[yāo]'는 '七[qī]'와의 혼동을 줄이기 위해 '一[yī]'가 아니라 '幺[yāo]'라고 읽는 것에 주의하자.
예 02-137-8812 [líng èr yāo sān qī bā bā yāo èr]
　 710路公交车 [qī yāo líng lù gōngjiāochē] 710번 버스

第三部分 : 快速回答

1 질문 把明天和客户开会的会议室预订了吗?

예시답안 已经预订好了, 明天下午三点
yǐ jīng yù dìng hǎo le, míng tiān xià wǔ sān diǎn
到四点在201办公室。
dào sì diǎn zài èr líng yāo bàn gōng shì.

한글해석 질문: 내일 고객과 회의할 회의실은 예약했나요?
예시답안: 이미 예약했어요. 내일 오후 3시부터 4시까지 201호 사무실입니다.

단어
- 客户 [kèhù] 몡 고객
- 开会 [kāihuì] 동 회의를 하다
- 会议室 [huìyìshì] 몡 회의실
- 预订 [yùdìng] 동 예약하다
- 办公室 [bàngōngshì] 몡 사무실

Tip '동사+好了'는 결과보어로써 앞 동사의 동작을 '잘 마치다'라는 의미를 나타내며, 같은 표현으로는 '동사+完了'가 있다.

예) 我已经准备好了。快出发吧。
나는 이미 준비를 마쳤어요. 빨리 출발합시다.
妈妈把饭做好了。你快来吃吧。
엄마가 밥을 다했으니 빨리 와서 먹으렴.

2
질문 你上次受伤的地方好多了吗?
예시답안 好多了, 就是腿上的伤还没完全好,
hǎo duō le. jiù shì tuǐ shàng de shāng hái méi wán quán hǎo,
等到下星期一还得去医院看看。
děng dào xià xīng qī yī hái děi qù yī yuàn kàn kan.

한글해석
질문: 지난 번 다친 곳은 좀 어떠세요?
예시답안: 호전되었어요. 그런데 다리의 상처는 아직 완전히 낫지 않아서 다음주 월요일에 병원에 한번 더 가야 해요.

단어
- 最近 [zuìjìn] 부 최근
- 身体 [shēntǐ] 명 건강
- 医院 [yīyuàn] 명 병원
- 腿 [tuǐ] 명 다리
- 完全 [wánquán] 부 완전히

Tip '就是'는 '단지, 오직'의 의미로써 앞 절에 제시된 일부의 내용을 인정하고 뒷 절에서는 '就是'로 어기를 전환하여 핵심적인 내용을 강조하는 표현이다.

예) 好吃是好吃, 就是有点儿辣。맛있긴 맛있는데 조금 맵다.
这件衣服款式颜色都很好。就是有点儿贵。
이 옷은 디자인, 색깔 모두 괜찮은데 조금 비싸다.

3
질문 你还不睡觉, 干什么呢?
예시답안 我睡不着。你让我玩一会儿游戏
wǒ shuì bu zháo. nǐ ràng wǒ wán yí huìr yóu xì
再睡觉吧, 行吗?
zài shuì jiào ba, xíng ma?

한글해석
질문: 너 아직 안자고 뭐하니?
예시답안: 잠이 안 와요. 조금 더 게임하다가 자게 해 주세요.

단어
- 睡不着 [shuìbuzháo] 잠을 잘 수 없다
- 让 [ràng] 동 시키다
- 玩 [wán] 동 놀다
- 游戏 [yóuxì] 명 게임
- 睡觉 [shuìjiào] 동 잠을 자다

Tip '동사+不着'는 '~할 수 없다'는 의미로 가능보어의 표현이다. 이와 반대로 '~할 수 있다'는 '동사+得着'로 나타낸다.

예) 我的钱包找不着了。
내 지갑을 못 찾겠어요.
书放得太高了。伸手也够不着啊。
책을 너무 높이 놓았어요. 손을 뻗어도 닿지 않아요.

4
질문 今天晚上我跟几个朋友一起去看电影, 你要去吗?
예시답안 对不起, 今天晚上我要去
duì bu qǐ, jīn tiān wǎn shang wǒ yào qù
英语补习班, 下次一起去吧。
yīng yǔ bǔ xí bān, xià cì yì qǐ qù ba.

한글해석
질문: 오늘 저녁에 친구 몇 명과 함께 영화 보러 가기로 했는데, 너도 갈래?
예시답안: 미안하지만, 오늘 저녁 영어학원에 가야 해. 다음에 같이 가자.

단어
- 看 [kàn] 동 보다
- 电影 [diànyǐng] 명 영화
- 英语 [yīngyǔ] 명 영어
- 补习班 [bǔxíbān] 명 학원
- 一起 [yìqǐ] 부 같이

Tip 많은 학생들이 '학원'을 '学院'이라고 말하는 것을 자주 볼 수 있다. 하지만 중국어로 '학원'은 '学院'이 아니라 '补习班'이라고 한다. 중국어로 '学院'은 단과대학을 지칭하는 것임에 유의하자.

5
질문 请问, 现在有房间吗?
예시답안 您要住什么样的房间?
nín yào zhù shén me yàng de fáng jiān?
现在只有一个双人间
xiàn zài zhǐ yǒu yí ge shuāng rén jiān
和两个单人间。
hé liǎng ge dān rén jiān.

한글해석
질문: 실례지만 지금 방이 있나요?
예시답안: 어떤 방을 원하시나요? 지금은 2인실 한 개와 1인실 두 개뿐입니다.

단어
- 请问 [qǐngwèn] 말씀 좀 묻겠습니다
- 房间 [fángjiān] 명 방
- 什么样 [shénmeyàng] 대 어떤
- 双人间 [shuāngrénjiān] 명 2인실
- 单人间 [dānrénjiān] 명 1인실

Tip 중국어에서 사물의 개수를 세는 방법은 '수사+양사+명사'의 순서로 한국어와 다르다. 특히 양사 앞에서는 숫자 '二'을 사용하지 않고 '两'으로 말하는 것에 주의하자.

예) 我的书包里有两本汉语书。
내 책가방 속에 중국어 책 두 권이 있다.
他一下子吃了两碗米饭。
그는 단숨에 밥 두 공기를 먹었다.

실전 모의고사 답안

第四部分：简短回答

1 질문: 你要是在路上捡到了一个钱包的话怎么处理呢?

예시답안: 如果我在路上捡到了一个钱包的话,
rú guǒ wǒ zài lù shang jiǎn dào le yí ge qián bāo de huà,

我就交给警察。
wǒ jiù jiāo gěi jǐng chá.

因为他们会跟失主联系, 这样很快
yīn wèi tā men huì gēn shī zhǔ lián xì, zhè yàng hěn kuài

就能找到钱包的主人了。
jiù néng zhǎo dào qián bāo de zhǔ rén le.

我觉得丢钱包的人肯定很伤心
wǒ jué de diū qián bāo de rén kěn dìng hěn shāng xīn

也很着急。所以, 要是我捡到了钱包,
yě hěn zháo jí. suǒ yǐ, yào shì wǒ jiǎn dào le qián bāo,

一定会尽力寻找失主。
yí dìng huì jìn lì xún zhǎo shī zhǔ.

한글해석: 질문: 당신이 만약 길에서 지갑을 주웠다면 어떻게 하겠습니까?

예시답안: 내가 만약 길에서 지갑을 주웠다면 경찰서에 가서 경찰에게 전해줄 것입니다. 왜냐하면 그들은 지갑을 잃어버린 사람과 연락을 해서 빨리 찾아줄 수 있기 때문입니다. 나는 지갑을 잃어버린 사람이 얼마나 마음이 아프고 초급할지 알고 있습니다. 그러므로 내가 만일 지갑을 줍는다면 잃어버린 사람을 찾기 위해 노력할 겁니다.

단어:
- 捡到 [jiǎndào] 통 줍다
- 处理 [chǔlǐ] 통 처리하다
- 警察 [jǐngchá] 명 경찰서
- 联系 [liánxì] 통 연락하다
- 着急 [zháojí] 통 초급하다

Tip: '如果~的话, 就~'는 '만약에~라면~하다'라는 의미의 가정문 표현이다. 여기에서 '如果'는 '만약에'라는 뜻의 접속사로, '要是'와 바꾸어 쓸 수 있으며 뒷 문장의 '就'와 호응하여 쓰인다.
예 如果你想走的话就走吧。
만약에 당신이 가고 싶다면 가도 좋다.
要是你有什么问题就可以随时找我。
만약에 무슨 문제가 있으면 언제든 나를 찾아도 좋다.

2 질문: 你有什么不好的习惯?

예시답안: 我有一个不好的习惯。
wǒ yǒu yí ge bù hǎo de xí guàn.

就是每天早上一起床就喝咖啡。
jiù shì měi tiān zǎo shang yì qǐ chuáng jiù hē kā fēi.

妈妈说, 空腹喝咖啡对胃不好,
mā ma shuō, kōng fù hē kā fēi duì wèi bù hǎo,

所以不让我喝。
suǒ yǐ bú ràng wǒ hē.

不过早上不喝咖啡就觉得
bú guò zǎo shang bù hē kā fēi jiù jué de

没有精神。但是由于空腹喝咖啡
méi yǒu jīng shen. dàn shì yóu yú kōng fù hē kā fēi

对身体没有好处,
duì shēn tǐ méi yǒu hǎo chù,

我就改成了饭后再喝。
wǒ jiù gǎi chéng le fàn hòu zài hē.

한글해석: 질문: 당신은 어떤 나쁜 습관이 있나요?

예시답안: 나는 나쁜 습관이 하나 있습니다. 바로 아침에 일어나자마자 커피를 마시는 것입니다. 엄마는 공복에 커피를 마시면 위에 좋지 않다고 저에게 커피를 마시지 못하게 합니다. 하지만 아침에 커피를 마시지 않으면 정신을 차리지 못합니다. 그러나 공복에 커피를 마시는 것이 몸에 좋지 않다고 하니 꼭 식사를 한 후 마셔야겠습니다.

단어:
- 习惯 [xíguàn] 명 습관
- 咖啡 [kāfēi] 명 커피
- 胃 [wèi] 명 위
- 精神 [jīngshen] 명 정신
- 空腹 [kōngfù] 명 공복

Tip: '让'은 '~하게 시키다'는 뜻의 사역동사로 쓰이지만 '不让'은 '시키지 않았다'는 뜻이 아닌 '허락하지 않다, 허용하지 않다'는 금지표현임을 기억하자.
예 我父母不让我晚上出去。
나의 부모님은 내가 밤에 외출하는 것을 허락하지 않는다.
我很想去大连工作。但是我妻子不让我去。
나는 대련에 가서 일하고 싶지만 내 아내가 허락하지 않는다.

3 질문: 你的身上发生过很幸运的事情吗?

예시답안: 几个月前, 我买了一张彩票。
jǐ ge yuè qián, wǒ mǎi le yì zhāng cǎi piào.

其实我从来没买过彩票。
qí shí wǒ cóng lái méi mǎi guo cǎi piào.

那天我跟朋友去超市买东西,
nà tiān wǒ gēn péng you qù chāo shì mǎi dōng xi,

买完后手里剩下了一些零钱。
mǎi wán hòu shǒu lǐ shèng xià le yì xiē líng qián.

所以随手买了一张, 结果中奖了。
suǒ yǐ suí shǒu mǎi le yì zhāng, jié guǒ zhòng jiǎng le.

虽然彩金不多, 但是觉得很幸运。
suī rán cǎi jīn bù duō, dàn shì jué de hěn xìng yùn.

한글해석: 질문: 당신에게 행운이 찾아온 적이 있나요?

예시답안: 몇 달 전에 나는 복권을 한 장 샀습니다. 사실 나는 이제껏 복권을 사 본 적이 없습니다. 그 날 나는 친구와 함께 슈퍼에 물건을 사러 갔습니다. 물건을 사고 나서 손에 잔 돈이 남아 복권을 한 장 샀는데 당첨이 된 것입니다. 비록 당첨금은 많지 않았지만 행운이라는 생각이 들었습니다.

단어
- 彩票 [cǎipiào] 명 복권
- 幸运 [xìngyùn] 형 행운이다
- 超市 [chāoshì] 명 슈퍼
- 剩下 [shèngxià] 동 남다
- 中奖 [zhòngjiǎng] 동 당첨되다

Tip "从来没+동사+过"는 '이제껏 ~한 적이 없다.'는 표현이다. 중국어에서 '~한 적이 있다'와 같이 경험을 나타내기 위해서는 동사 뒤에 동태조사 '过'를 써서 표현한다. 이의 부정형식은 '没+동사+过'이다.
예) 我从来没看过这么大的西瓜。
나는 이렇게 큰 수박은 이제껏 본 적이 없다.
我们从来没有吵过架。
우리는 이제껏 말다툼을 한 적이 없다.

4
질문: 你知道"活到老, 学到老"的意思是什么吗?

예시답안:
当然知道。"活到老, 学到老"
dāng rán zhī dào. "huó dào lǎo, xué dào lǎo"

是中国常用的一句话。
shì zhōng guó cháng yòng de yí jù huà.

这句话强调的是
zhè jù huà qiáng diào de shì

"要不断地学习下去"的进取精神。
"yào bú duàn de xué xí xià qù" de jìn qǔ jīng shén.

特别是像现代社会这样变化大,
tè bié shì xiàng xiàn dài shè huì zhè yàng biàn huà dà,

竞争激烈的时代里学习是不可缺少的。
jìng zhēng jī liè de shí dài li xué xí shì bù kě quē shǎo de.

所以为了能够跟上时代的潮流,
suǒ yǐ wèi le néng gòu gēn shàng shí dài de cháo liú,

我们一定要"学到老, 活到老"。
wǒ men yí dìng yào "xué dào lǎo, huó dào lǎo".

한글해석
질문: "活到老, 学到老"의 뜻을 압니까?
예시답안: 당연히 알고 있습니다. "活到老, 学到老"는 중국에서 자주 사용하는 말로 끊임없이 배워야 한다는 진취적인 배움 정신을 강조하는 말입니다. 특히 현대 사회와 같이 변화가 크고 경쟁이 치열한 시대에서 배움은 없어서는 안됩니다. 그러므로 시대의 흐름을 따라가기 위해서 우리는 계속해서 배워야 합니다.

단어
- 活到老, 学到老 [huó dào lǎo, xué dào lǎo] 살아있는 동안 배움을 계속하다
- 不可缺少 [bùkěquēshǎo] 없어서는 안된다
- 强调 [qiángdiào] 동 강조하다
- 进取 [jìnqǔ] 동 향상하려 노력하다
- 激烈 [jīliè] 형 치열하다

Tip '潮流'란 '조류, 흐름'이라는 뜻으로 사회적 추세나 경향을 비유하는 말로 사용된다. '潮流'와 관련된 표현을 알아보자.
예) 我们要去适应时代的潮流而努力。
우리는 시대 흐름에 적응하기 위해 노력해야 한다.

他虽然年龄大, 但思想完全跟得上时代的潮流。
그는 비록 나이는 많지만 생각은 시대의 흐름을 따르는데 아무 문제 없다.

5
질문: 你们家里的家务事一般怎么分担呢?

예시답안:
我们是双职工夫妇。
wǒ men shì shuāng zhí gōng fu fù.

平时工作很忙没有时间做家务事。
píng shí gōng zuò hěn máng méi yǒu shí jiān zuò jiā wù shì.

所以我和丈夫商量好了
suǒ yǐ wǒ hé zhàng fu shāng liàng hǎo le

周末的时候一起做。
zhōu mò de shí hou yì qǐ zuò.

我一般负责做饭和洗碗,
wǒ yì bān fù zé zuò fàn hé xǐ wǎn,

丈夫负责洗衣服和打扫洗手间。
zhàng fu fù zé xǐ yī fu hé dǎ sǎo xǐ shǒu jiān.

这样分担家务事又省事又方便。
zhè yàng fēn dān jiā wù shì yòu shěng shì yòu fāng biàn.

한글해석
질문: 당신의 가정은 어떻게 집안일을 분담합니까?
예시답안: 우리는 맞벌이 부부입니다. 평소 일이 바빠 집안일을 할 시간이 없습니다. 그래서 남편과 나는 주말에 함께하기로 했습니다. 저는 보통 음식과 설거지를 담당하고 남편은 빨래와 화장실 청소를 맡습니다. 이렇게 집안일을 분담하면 일도 빨리 끝낼 수 있고 편리합니다.

단어
- 分担 [fēndān] 동 분담하다
- 双职工 [shuāngzhígōng] 명 맞벌이부부
- 家务 [jiāwù] 명 집안일
- 承担 [chéngdān] 동 담당하다
- 省事 [shěngshi] 동 힘을 덜다

Tip '又~又~'는 '~하고 ~하다'는 표현으로 두 가지의 상태를 동시에 나타낸다. 두 동작이 동시에 발생함을 나타내는 '一边~一边~'과 함께 알아 두도록 하자.
예) 这杯拿铁又香又浓。이 라떼는 향기가 좋고 진하다.
他们家的客厅又宽敞又明亮。그들 집의 거실은 넓고 밝다.

第五部分: 拓展回答

1
질문: 最近很多年轻人都通过网络交朋友, 你对这个现象有什么看法?

예시답안:
随着网络的发展, 电脑在人们的
suí zhe wǎng luò de fā zhǎn, diàn nǎo zài rén men de

生活里已经成了不可缺少的东西。
shēng huó li yǐ jīng chéng le bù kě quē shǎo de dōng xi.

因此网络成了交朋友的一种工具。
yīn cǐ wǎng luò chéng le jiāo péng you de yì zhǒng gōng jù.

而且通过网络交朋友的人
ér qiě tōng guò wǎng luò jiāo péng you de rén

실전 모의고사 답안

也越来越多了。不过我觉得
yě yuè lái yuè duō le. bú guò wǒ jué de

通过网络交朋友很危险。
tōng guò wǎng luò jiāo péng you hěn wēi xiǎn.

我们经常在报纸上看到有些人
wǒ men jīng cháng zài bào zhǐ shang kàn dào yǒu xiē rén

在网上上当受骗的新闻。
zài wǎng shàng shàng dàng shòu piàn de xīn wén.

所以我们在网上交朋友的
suǒ yǐ wǒ men zài wǎng shàng jiāo péng you de

时候应该更加小心。
shí hou yīng gāi gèng jiā xiǎo xīn.

한글해석 질문: 요즘 많은 젊은이들이 인터넷을 통해 친구를 사귀는데 당신은 이런 현상에 대해 어떻게 생각합니까?

예시답안: 인터넷이 발달함에 따라 사람들 생활 속에서 컴퓨터는 없어서는 안 되는 물건이 되었습니다. 이로 인해 인터넷은 친구를 사귀는 주요 도구가 되었고, 이를 통해 친구를 사귀는 사람들도 점점 많아졌습니다. 하지만 나는 인터넷을 통해 친구를 사귀는 것은 매우 위험하다고 생각합니다. 우리는 신문에서 일부 사람들이 인터넷상에서 사기를 당하는 뉴스를 자주 볼 수 있습니다. 그러므로 우리는 인터넷을 통해 친구를 사귈 때에 주의해야 합니다.

단어
- 随着 [suízhe] 동 ~함에 따라
- 不可缺少 [bùkěquēshǎo] 없어서는 안 되는
- 网络 [wǎngluò] 명 인터넷
- 越来越 [yuèláiyuè] 점차
- 危险 [wēixiǎn] 명 위험

Tip '随着'는 '~함에 따라서'라는 뜻의 동사로 '随着' 뒷문장은 그에 따른 변화를 나타낸다. 이 표현은 서두에 많이 사용한다.
예 随着社会的发展, 人们的生活水平也提高了。
사회가 발전함에 따라 사람들의 생활 수준도 향상되었다.
随着经济发展, 人们也越来越幸福。
경제가 발전함에 따라 사람들도 점점 행복해졌다.

2

질문 有的人说"不同国家的人都有着不同的性格"。你同意这个说法吗?

예시답안
每个国家都有着独特的
měi ge guó jiā dōu yǒu zhe dú tè de

风俗和文化。
fēng sú hé wén huà.

而且语言、肤色、历史背景、
ér qiě yǔ yán、fū sè、lì shǐ bèi jǐng、

地理环境也不同。
dì lǐ huán jìng yě bù tóng.

这些都会对人的性格
zhè xiē dōu huì duì rén de xìng gé

产生巨大的影响。
chǎn shēng jù dà de yǐng xiǎng.

因此每个民族都会有着独特的
yīn cǐ měi ge mín zú dōu huì yǒu zhe dú tè de

民族情感。
mín zú qíng gǎn.

不过也不能说一个国家的人
bú guò yě bù néng shuō yí ge guó jiā de rén

都有相同的性格。
dōu yǒu xiāng tóng de xìng gé.

한글해석 질문: "각 나라의 사람들은 모두 다른 성격을 가지고 있다"라는 말에 동의합니까?

예시답안: 각 나라는 독특한 풍속과 문화를 가지고 있습니다. 게다가 언어, 피부색, 역사적 배경, 지리 환경도 다릅니다. 이것은 사람의 성격에 큰 영향을 줍니다. 그러므로 각 민족은 독특한 민족정서를 가집니다. 하지만 한 국가의 사람들이 모두 같은 성격이라고 말할 수는 없습니다.

단어
- 独特 [dútè] 형 독특하다
- 肤色 [fūsè] 명 얼굴색
- 价值 [jiàzhí] 명 가치
- 产生 [chǎnshēng] 동 생기다
- 情感 [qínggǎn] 명 정서

Tip '对~产生影响'는 '~에 영향을 주다'라는 표현으로 '对'는 대상을 나타내는 전치사이다.
예 抽烟对孩子的成长产生负面影响。
흡연은 아이들의 성장에 부정적인 영향을 준다.
父母的言行会对孩子有很大的影响。
부모의 언행은 아이에게 큰 영향을 끼친다.

3

질문 你觉得路边多设置垃圾桶好还是少设置好?

예시답안
我觉得还是多设置垃圾桶好。
wǒ jué de hái shì duō shè zhì lā jī tǒng hǎo.

要是没有垃圾桶的话人们只能
yào shì méi yǒu lā jī tǒng de huà rén men zhǐ néng

把垃圾扔在地上或者下水道里。
bǎ lā jī rēng zài dì shàng huò zhě xià shuǐ dào li.

这样会导致更严重的问题。
zhè yàng huì dǎo zhì gèng yán zhòng de wèn tí.

比如, 破坏城市环境或者
bǐ rú, pò huài chéng shì huán jìng huò zhě

下水道因堵塞而发臭。
xià shuǐ dào yīn dǔ sè ér fā chòu.

所以要多设置垃圾桶
suǒ yǐ yào duō shè zhì lā jī tǒng

预防不好的后果产生。
yù fáng bù hǎo de hòu guǒ chǎn shēng.

한글해석 질문: 당신은 길가에 쓰레기통을 많이 설치해야 한다고 생각합니까?

예시답안: 내 생각에는 쓰레기통을 많이 설치하는 것이 좋다고 생각합니다. 만약에 쓰레기통이 없으면 사람들은 쓰

레기를 땅에 버리거나 하수도에 넣을 것입니다. 이렇게 하면 더 심각한 문제를 야기할 수 있습니다. 예를 들어, 도시 환경을 파괴하거나 하수도가 막혀 냄새가 날 것입니다. 그래서 쓰레기통을 많이 설치하여 예방하는 것이 훨씬 좋습니다.

단어
- 设置 [shèzhì] 동 설치하다
- 垃圾桶 [lājītǒng] 명 쓰레기통
- 下水道 [xiàshuǐdào] 명 하수도
- 导致 [dǎozhì] 동 야기하다
- 发臭 [fāchòu] 동 악취가 나다

Tip '把'는 처치를 강조하기 위해 목적어를 동사 앞으로 도치시키는 전치사로 이러한 문장을 중국어에서는 '把자문'이라고 한다. '把자문'에서 조동사와 부정 부사가 동사 앞이 아니라 '把' 앞에 위치한다는 점에 주의하자.
例 麻烦你把那个水壶递给我。
미안하지만 저 물 주전자를 저에게 건네 주세요.
你把我的车钥匙放哪儿了?
내 차 열쇠 어디에 두었나요?

4
질문: 说说农村生活的好处和坏处。

예시답안:
我觉得在农村生活
wǒ jué de zài nóng cūn shēng huó
有好处也有坏处。
yǒu hǎo chù yě yǒu huài chù.
好处就是因为可以亲近大自然,
hǎo chù jiù shì yīn wèi kě yǐ qīn jìn dà zì rán,
生活节奏也很慢,
shēng huó jié zòu yě hěn màn,
所以会缓解生活上的压力。
suǒ yǐ huì huǎn jiě shēng huó shàng de yā lì.
不过也有一定的坏处。
bú guò yě yǒu yí dìng de huài chù.
比如说, 农村里像医院、超市、
bǐ rú shuō, nóng cūn li xiàng yī yuàn、chāo shì、
电影院这样的基础设施不多。
diàn yǐng yuàn zhè yàng de jī chǔ shè shī bù duō.
而且和城市相比,
ér qiě hé chéng shì xiāng bǐ,
享受文化生活的机会也比较少。
xiǎng shòu wén huà shēng huó de jī huì yě bǐ jiào shǎo.
这些就是农村生活的好处
zhè xiē jiù shì nóng cūn shēng huó de hǎo chù
和坏处。
hé huài chu.

한글해석 질문: 농촌생활의 장점과 단점에 대해 이야기 해 보세요.
예시답안: 저는 농촌생활에 장점도 있지만 단점도 있다고 생각합니다. 장점은 대자연을 가까이할 수 있고 생활의 리듬도 빠르지 않기 때문에 생활 속의 스트레스를 해소할 수 있습니다. 하지만 어느 정도의 나쁜 점도 가지고 있습니다. 예를 들어, 농촌에는 병원, 슈퍼, 영화관 등과 같은 기초시설이 많지 않습니다. 게다가 도시에 비해 문화 생활을 즐길 기회도 많지 않습니다. 이것들이 바로 농촌 생활의 장점과 단점입니다.

단어
- 农村 [nóngcūn] 명 농촌
- 亲近 [qīnjìn] 동 가까이 하다
- 生活节奏 [shēnghuójiézòu] 명 생활 리듬
- 缓解 [huǎnjiě] 동 완화하다
- 设施 [shèshī] 명 시설

Tip '和A相比B~'는 'A에 비해 B하다'는 비교를 나타내는 표현이다.
例 和年龄相比显得很成熟。나이에 비해 성숙해 보인다.
和去年相比, 汉语水平提高了很多。
작년에 비해 중국어 실력이 많이 늘었다.

第六部分: 情景应对

1
질문: 你跟朋友已经约好下个月一起去旅游,
不过你有事儿不能去。你给朋友打电话延期一下吧。

예시답안:
喂, 是小明吗? 我是小王。
wéi, shì xiǎo míng ma? wǒ shì xiǎo wáng.
我们不是说好了下个月去旅游吗?
wǒ men bú shì shuō hǎo le xià ge yuè qù lǚ yóu ma?
不过下个月我父母要来看我。
bú guò xià ge yuè wǒ fù mǔ yào lái kàn wǒ.
我工作很忙所以很长时间
wǒ gōng zuò hěn máng suǒ yǐ hěn cháng shí jiān
没回去看望父母。
méi huí qù kàn wàng fù mǔ.
所以这次我想好好陪陪他们。
suǒ yǐ zhè cì wǒ xiǎng hǎo hǎo péi pei tā men.
真对不起啊! 我们的旅游计划
zhēn duì bu qǐ a! wǒ men de lǚ yóu jì huà
能不能推迟几天呢?
néng bù néng tuī chí jǐ tiān ne?

한글해석 질문: 당신은 이미 친구와 다음 달에 여행을 가기로 약속했습니다. 그러나 당신에게 일이 생겨 가지 못하게 되었습니다. 친구에게 전화를 걸어 연기해 보세요.
예시답안: 여보세요, 샤오밍이니? 나 샤오왕이야. 우리 다음 달에 함께 여행가기로 했잖아. 그런데 다음 달에 우리 부모님이 나를 보러 오신대. 내가 일이 바빠서 오랫동안 부모님을 뵙지 못했거든. 정말 미안한데 우리 여행 계획을 며칠 미루면 안될까?

단어
- 约好 [yuēhǎo] 동 약속하다
- 旅游 [lǚyóu] 동 여행하다
- 延期 [yánqī] 동 연기하다
- 看望 [kànwàng] 동 문안하다
- 推迟 [tuīchí] 동 미루다

Tip '去/来+동사'는 '~하러 가다/오다'는 뜻으로 연동문의 표현이다. 연동문이란 하나의 주어가 두 개 이상의 동사를 갖는 문

실전 모의고사 답안

장을 말하는데 동사는 동작이 발생하는 순서로 쓴다.
㉠ 我打算这个假期去北京旅游。
　나는 이번 휴가 때 북경에 여행 갈 계획이다.
　昨天我妈妈来学校见老师了。
　우리 엄마는 어제 학교에 선생님을 만나러 오셨다.

2

질문 你要卖房子。向来看房子的人说明一下这套房子的优点。

예시답안
你们好，快进来吧。你们是新婚夫妇吗?
nǐ men hǎo, kuài jìn lái ba. nǐ men shì xīn hūn fū fù ma?

这样的话这套房子对你们来说
zhè yàng de huà zhè tào fáng zi duì nǐ men lái shuō

再好不过了。
zài hǎo bú guò le.

两室一厅，有一个大房间
liǎng shì yì tīng, yǒu yí ge dà fáng jiān

和一个小房间。
hé yí ge xiǎo fáng jiān.

客厅也很宽。而且因为朝南向，
kè tīng yě hěn kuān. ér qiě yīn wèi cháo nán xiàng,

所以采光很好。
suǒ yǐ cǎi guāng hěn hǎo.

冬天很暖和，夏天很凉快。
dōng tiān hěn nuǎn huo, xià tiān hěn liáng kuài.

而且两边都有阳台。
ér qiě liǎng biān dōu yǒu yáng tái.

可以在这儿养养花草，晾晒衣服。
kě yǐ zài zhèr yǎng yang huā cǎo, liàng shài yī fu.

怎么样? 房子很不错吧?
zěn me yàng? fáng zi hěn bú cuò ba.

한글해석
질문: 당신은 집을 팔려고 합니다. 집을 보러 온 사람에게 이 집의 장점을 설명해 보세요.
예시답안: 안녕하세요, 어서 들어오세요. 신혼부부신가요? 그렇다면 이 집은 두 분에게 정말 좋을 거예요. 방 두 개와 거실이 하나 있는데 방 하나는 크고 다른 하나는 작아요. 보시는 것처럼 거실이 아주 넓어요. 게다가 남향이라 햇볕이 잘 들고 겨울에는 따뜻하고 여름에는 시원해요. 양쪽에 베란다가 있어 화초를 키우거나 빨래를 말릴 수 있습니다. 어떠세요? 집 괜찮지요?

단어
- 房子 [fángzi] 몡 집
- 新婚夫妇 [xīnhūnfūfù] 몡 신혼부부
- 房间 [fángjiān] 몡 방
- 阳台 [yángtái] 몡 베란다
- 晾晒 [liàngshài] 동 말리다

Tip '再+동사/형용사+不过了'는 '더할 나위 없이 좋다'는 표현이다.
㉠ 这个颜色对你再合适不过了。
　이 색깔은 너에게 더할 나위 없이 잘 어울린다.
　这个地方再安全不过了。
　이 곳은 더할 나위 없이 안전하다.

3

질문 做菜的时候发现，你忘了买酱油。请你在妈妈的立场上拜托女儿去买一瓶酱油回来。

예시답안
宝贝，过来一下。我知道你现在
bǎo bèi, guò lái yí xià. wǒ zhī dào nǐ xiàn zài

忙着写作业，不过妈妈希望你
máng zhe xiě zuò yè, bú guò mā ma xī wàng nǐ

帮我一个忙。
bāng wǒ yí ge máng.

我现在正在做你最喜欢吃的
wǒ xiàn zài zhèng zài zuò nǐ zuì xǐ huan chī de

炖排骨。但是酱油已经用完了。
dùn pái gǔ. dàn shì jiàng yóu yǐ jīng yòng wán le.

上午去买菜的时候又忘了买。
shàng wǔ qù mǎi cài de shí hou yòu wàng le mǎi.

你从妈妈的钱包里拿50元钱，
nǐ cóng mā ma de qián bāo lǐ ná wǔ shí yuán qián,

去超市买一瓶酱油。
qù chāo shì mǎi yì píng jiàng yóu.

妈妈允许你买一个冰淇淋吃，好吗?
mā ma yǔn xǔ nǐ mǎi yí ge bīng qí lín chī, hǎo ma?

한글해석
질문: 요리를 하는데 당신이 간장을 사는 것을 깜박했다는 것을 알게 되었습니다. 엄마의 입장에서 딸에게 간장을 사 오라고 부탁해 보세요.
예시답안: 얘야, 이리와 보렴. 지금 숙제 때문에 바쁜 거 아는데 엄마 좀 도와 줄 수 있겠니? 엄마가 지금 네가 가장 좋아하는 갈비찜을 만드는 중인데 간장이 떨어졌구나. 오전에 시장을 볼 때 사오는 걸 깜박했어. 엄마 지갑에서 50위안 한 장 꺼내가렴. 아이스크림 하나 사 먹어도 돼, 알겠지?

단어
- 酱油 [jiàngyóu] 몡 간장
- 拜托 [bàituō] 동 부탁하다
- 希望 [xīwàng] 동 희망하다
- 炖 [dùn] 동 푹 삶다
- 允许 [yǔnxǔ] 동 허가하다

Tip '忙着+동사'는 '바쁘게 ~하다'는 표현이다. '동사+着'는 상태나 동작의 지속을 나타내는데 '동사1着+동사2'는 '~인 상태로 ~하다'는 표현이 되는 것이다.
㉠ 他在躺着看电视呢。
　그는 누워서 텔레비전을 보고 있다.
　春节的时候中国人都忙着大扫除。
　춘절에 중국인들은 바쁘게 대청소를 한다.

--- **第七部分: 看图说话** ---

예시답안
一对夫妇，和他们的一双儿女聚在一起。
yí duì fū fù, hé tā men de yì shuāng ér nǚ jù zài yì qǐ.

今天是妈妈的生日。他们一边唱歌
jīn tiān shì mā ma de shēng rì. tā men yì biān chàng gē

一边鼓掌，为她祝贺生日。
yì biān gǔ zhǎng, wèi tā zhù hè shēng rì.

妈妈高兴地在吹蛋糕上的蜡烛。
mā ma gāo xìng de zài chuī dàn gāo shang de là zhú.

生日晚会结束后, 爸爸和女儿
shēng rì wǎn huì jié shù hòu, bà ba hé nǚ ér

去厨房洗碗, 儿子给妈妈按摩。
qù chú fáng xǐ wǎn, ér zi gěi mā ma àn mó.

就在这时, 女儿一不小心把手里的盘子
jiù zài zhè shí, nǚ ér yí bù xiǎo xīn bǎ shǒu li de pán zi

掉在地上, 摔碎了。妈妈吓了一跳。
diào zài dì shàng, shuāi suì le. mā ma xià le yí tiào.

赶紧起身去厨房收拾碎片。
gǎn jǐn qǐ shēn qù chú fáng shōu shí suì piàn.

爸爸和女儿在旁边站着,
bà ba hé nǚ ér zài páng biān zhàn zhe,

觉得十分抱歉。
jué de shí fēn bào qiàn.

한글해석 예시답안: 엄마, 아빠와 아들, 딸이 모여 엄마의 생일 축하를 하고 있습니다. 엄마는 기쁜 마음으로 케익 위의 촛불을 불고 있습니다. 생일 파티가 끝난 후 아빠와 딸은 부엌으로 가서 설거지를 하고 아들은 엄마에게 안마를 해 드립니다. 바로 이 때, 설거지를 하던 딸이 실수로 접시를 떨어뜨려 깨뜨렸습니다. 엄마가 이 광경을 보고 깜짝 놀라 부엌으로 달려가 깨진 접시를 청소하였습니다. 아빠와 딸은 옆에 서서 매우 미안해하고 있습니다.

단어
- 聚 [jù] 동 모이다
- 鼓掌 [gǔzhǎng] 동 박수치다
- 祝贺 [zhù hè] 동 축하하다
- 吹蜡烛 [chuīlàzhú] 촛불을 끄다
- 摔碎 [shuāisuì] 동 떨어져 부서지다

Tip '一不小心'은 '순간의 실수로'라는 뜻으로 동사 앞에서 부사어의 역할을 한다.
예 我下楼的时候一不小心把脚扭伤了。
나는 계단을 내려올 때 실수로 발을 접질렀다.
他一不小心手里的钱掉在地上了。
그는 실수로 손에 있던 돈을 땅에 떨어뜨렸다.

실전 모의고사 2

第二部分：看图回答

1 질문 谁的个子最高?

예시답안 哥哥的个子最高, 一米八五。
gē ge de gè zi zuì gāo, yì mǐ bā wǔ.

한글해석 질문: 누구의 키가 가장 큰가요?
예시답안: 왼쪽 남자의 키가 가장 커요. 185센티입니다.

단어
- 谁 [shuí] 의 누구
- 个子 [gèzi] 명 키
- 最 [zuì] 부 가장
- 高 [gāo] 형 (키가) 크다
- 米 [mǐ] 양 미터

Tip 키, 길이 거리, 무게, 온도 등을 묻는 문제가 자주 출제됨으로, 숫자를 읽는 법과 단위를 잘 알아두도록 하자.
* 길이 – 厘米 [límǐ] 센티미터 | 米 [mǐ] 미터
　　　　公里 [gōnglǐ] 킬로미터
* 무게 – 斤 [jīn] 근 | 公斤 [gōngjīn] 킬로그램
* 온도 – 度 [dù] 도

2 질문 冰箱里都有什么?

예시답안 冰箱里有一瓶牛奶和两瓶啤酒。
bīng xiāng lǐ yǒu yì píng niú nǎi hé liǎng píng pí jiǔ.

한글해석 질문: 냉장고 안에 무엇이 있나요?
예시답안: 냉장고 안에 우유 한 병과 맥주 두 병이 있어요.

단어
- 冰箱 [bīngxiāng] 명 냉장고
- 什么 [shénme] 의 무엇
- 瓶 [píng] 명 병
- 牛奶 [niúnǎi] 명 우유
- 啤酒 [píjiǔ] 명 맥주

Tip 사람이나 사물의 존재를 나타내는 존현문은 다음과 같이 표현한다. '장소+有+불특정한 것' / '특정한 것+在+장소'
예 树下边有一把椅子。
　　나무 아래 의자가 하나 있다.
　　爷爷的椅子在树下边。
　　할아버지의 의자가 나무 아래에 있다.

3 질문 他在办公室吗?

예시답안 他不在, 他在卡拉ok。
tā bú zài, tā zài kǎ lā ok.

한글해석 질문: 그는 사무실에 있나요?
예시답안: 아니요, 그는 노래방에 있어요.

단어
- 在 [zài] 동 ~에 있다
- 不 [bù] 부 아니다
- 卡拉ok [kǎ lā ok] 명 노래방
- 办公室 [bàngōngshì] 명 사무실
- 吗 [ma] 조 의문문을 만드는 조사

Tip 제시된 그림의 상황과 맞지 않는 상황을 질문해서 '네' 혹은 '아니오'의 대답을 유도하는 질문이 자주 출제된다. 이런 종류의 문제는 그림의 상황을 잘 파악하는 것이 무엇보다 중요하다.

실전 모의고사 답안

4 질문: 他们现在在干什么?
예시답안: 他们在爬山。
tā men zài pá shān.

한글해석 질문: 그들은 지금 무엇을 하나요?
예시답안: 그들은 등산하고 있어요.

단어
- 现在 [xiànzài] 명 현재
- 干 [gàn] 동 하다
- 什么 [shénme] 대 무엇
- 在 [zài] 전 ~하는 중이다
- 爬山 [páshān] 동 등산하다

Tip '在'는 품사에 따라 의미와 쓰임이 다르다. '주어+在+장소'는 동사로 '~에 있다'는 의미이고, '주어+在+장소+동사'는 전치사로 '~에서'라는 의미이다. 마지막으로 '주어+在+동사'는 동작의 진행을 보여주는 부사로 '~하는 중이다'라는 뜻이다.
예 他们在看电视。 그들은 텔레비전을 보고 있다.
我在图书馆借书。 나는 도서관에서 책을 빌린다.

第三部分: 快速回答

1 질문: 今天下班后我们喝一杯吧。
예시답안: 真不巧, 我今天晚上有约。
zhēn bù qiǎo, wǒ jīn tiān wǎn shang yǒu yuē.
改天吧!
gǎi tiān ba!

한글해석 질문: 우리 오늘 퇴근 후에 한 잔 할래?
예시답안: 공교롭게도 오늘 저녁에 약속이 있어. 다음에 하자!

단어
- 下班 [xiàbān] 동 퇴근하다
- 一杯 [yìbēi] 한 잔
- 不巧 [bùqiǎo] 부 공교롭게도
- 约 [yuē] 명 약속
- 改天 [gǎitiān] 동 날을 바꾸다

Tip '真不巧'는 '공교롭게 되었다'라는 뜻으로 상대방의 제안이나 요청을 거절할 때 사용할 수 있고 '真不巧' 외에 '对不起', '不好意思'로 사과를 표현할 수 있다.

2 질문: 爸爸, 这玩具汽车不走了。
예시답안: 是吗? 给我看看, 爸爸帮你修一修。
shì ma? gěi wǒ kàn kan, bà ba bāng nǐ xiū yi xiū.

한글해석 질문: 아빠, 이 장난감 자동차가 안 움직여요.
예시답안: 그래? 한 번 보자, 아빠가 고쳐줄게.

단어
- 玩具 [wánjù] 명 장난감
- 汽车 [qìchē] 명 자동차
- 走 [zǒu] 동 가다
- 帮 [bāng] 동 돕다
- 修理 [xiūlǐ] 동 수리하다

Tip 동사를 중첩하면 '한번 ~해 보다', 또는 '좀 ~하다'의 의미이다. 단음절의 동사는 'AA' 또는 'A-A'로 나타내고 2음절 동사는 'ABAB'로 나타낸다.
예 我好好儿想一想吧。
잘 한 번 생각해 볼게요.
你去休息室休息休息。
휴게실에 가서 좀 쉬어.

3 질문: 不好意思, 这件没有大一号的, 已经卖完了。
要不要看看别的?
예시답안: 不用, 我就喜欢这件。
bú yòng, wǒ jiù xǐ huan zhè jiàn.
麻烦你帮我查查其他的卖场
má fán nǐ bāng wǒ chá cha qí tā de mài chǎng
有没有这件衣服, 行吗?
yǒu méi yǒu zhè jiàn yī fu, xíng ma?

한글해석 질문: 죄송하지만 한 치수 큰 것이 없어요. 이미 다 팔렸어요. 다른 것으로 보시겠어요?
예시답안: 아니요, 저는 이게 좋아요. 실례지만 귀사의 다른 매장에 이 옷이 있는지 조회 좀 해 주시겠어요?

단어
- 件 [jiàn] 명 벌
- 卖 [mài] 동 팔다
- 别的 [biéde] 대 다른 것
- 麻烦 [máfán] 동 폐를 끼치다
- 查 [chá] 동 조사하다

Tip 상대방에게 부탁을 하거나 도움을 청할 때에는 '麻烦你~' 또는 '请您帮我~'을 사용하여 예의 바르게 말할 수 있다.
예 请您帮我看一下这份报告, 行吗?
실례지만 이 보고서 좀 봐 주시겠어요?
麻烦您告诉我您的英文名字。
실례지만 당신의 영문 이름을 알려주세요.

4 질문: 办公室里太乱了。我们一起打扫打扫, 怎么样?
예시답안: 当然可以啊!
dāng rán kě yǐ a!
这是我们共同工作的地方。
zhè shì wǒ men gòng tóng gōng zuò de dì fang.
再说要是工作环境好,
zài shuō yào shì gōng zuò huán jìng hǎo,
工作效率也自然会提高的。
gōng zuò xiào lǜ yě zì rán huì tí gāo de.

한글해석 질문: 사무실이 너무 지저분하네요. 우리 같이 청소할래요?
예시답안: 여기는 우리가 일하는 곳이니 당연히 해야죠. 게다가 업무환경이 좋으면 업무효율도 자연스럽게 향상되잖아요.

단어
- 办公室 [bàngōngshì] 명 사무실
- 乱 [luàn] 형 지저분하다
- 打扫 [dǎ sǎo] 동 청소하다
- 再说 [zài shuō] 접 게다가
- 效率 [xiào lǜ] 명 효율

Tip '再说'는 '게다가, 더구나, 하물며'의 의미를 가진 접속사로 한 층 더한 이유를 추가할 때 사용하는 표현으로 '而且'나 '况且'에 상당하는 표현이다.

예) 时间太晚了，明天再回去吧，再说外边下着大雨呢。
시간이 늦었으니 내일 돌아가, 더군다나 밖에 비도 내리고 있잖아.

我想吃川菜，今晚 一起去吧，再说今天不是发工资了嘛。
사천 요리가 먹고 싶은데 오늘 저녁 나가서 먹어요, 게다가 오늘은 월급날이잖아요.

5 질문: 大小怎么样? 合适吗?

예시답안: 正好, 不过颜色有点儿浅,
zhèng hǎo, bú guò yán sè yǒu diǎnr qiǎn,

有没有深一点儿的颜色?
yǒu méi yǒu shēn yì diǎnr de yán sè?

한글해석 질문: 크기가 어떤가요? 적당한가요?
예시답안: 딱 맞아요, 그런데 색깔이 좀 옅은 거 같은데 좀 짙은 색은 없나요?

단어
- 大小 [dàxiǎo] 명 크기
- 怎么样 [zěnmeyàng] 어떻습니까?
- 合适 [héshì] 형 적당하다
- 正好 [zhènghǎo] 형 딱 좋다
- 颜色 [yánsè] 명 색깔

Tip '有点儿'과 '一点儿'은 모두 '조금, 약간'의 뜻이지만 쓰임에 차이가 있다. '有点儿+동사/형용사'의 형태로 쓰이고 불만스러움을 나타내지만, '一点儿'은 '동사/형용사+一点儿'의 형태로 쓰인다.

예) 有点儿贵, 再便宜一点儿吧。
조금 비싸요. 조금 싸게 해 주세요.

这个包有点儿大，买小一点儿的吧。
이 가방 조금 커요. 좀 더 작은 것으로 사요.

第四部分：简短回答

1 질문: 你的收入当中大概有多少钱花在买衣服上?

예시답안: 我是很看重穿着的人。
wǒ shì hěn kàn zhòng chuān zhuó de rén.

而且对流行很敏感。
ér qiě duì liú xíng hěn mǐn gǎn.

我一个月的收入里大概有一半
wǒ yí ge yuè de shōu rù lǐ dà gài yǒu yí bàn

花在买衣服和化妆品上。
huā zài mǎi yī fu hé huà zhuāng pǐn shàng.

每个周末我都去商场
měi ge zhōu mò wǒ dōu qù shāng chǎng

或百货商店逛逛。
huò bǎi huò shāng diàn guàng guang.

逛街的时候,
guàng jiē de shí hou,

一发现我喜欢的东西就会买。
yì fā xiàn wǒ xǐ huan de dōng xi jiù huì mǎi.

逛街是我最大的爱好。
guàng jiē shì wǒ zuì dà de ài hào.

我很舍得花钱。
wǒ hěn shě de huā qián.

한글해석 질문: 당신의 수입 중 대략 얼마 정도를 옷을 사는 데 사용합니까?
예시답안: 저는 옷차림을 중시합니다. 게다가 유행에도 매우 민감합니다. 저는 한 달 수입의 반 정도를 옷과 화장품을 사는 데 씁니다. 매주 주말 저는 상점이나 백화점에 쇼핑을 갑니다. 쇼핑을 하다가 좋아하는 물건을 발견하면 바로 삽니다. 쇼핑은 저의 가장 큰 취미이므로 돈을 쓰는 것이 아깝지 않습니다.

단어
- 收入 shōurù 명 수입
- 穿着 chuānzhuó 명 옷차림
- 流行 liúxíng 명 유행
- 敏感 mǐngǎn 형 민감하다
- 舍得 shěde 동 아까워하지 않다.

Tip '一동사1+就+동사2'는 '~하자마자 ~하다' 또는 '~하기만 하면 ~하다'는 표현이다.

예) 我一起床就出去跑步。
나는 일어나자마자 나가서 조깅을 한다.

他一下班就给女朋友打电话。
그는 퇴근하자마자 여자친구에게 전화를 한다.

2 질문: 最近一到假期, 很多人就去海外旅行。你对这种现象有什么看法?

예시답안: 很多人平时工作很忙,
hěn duō rén píng shí gōng zuò hěn máng,

周末也要在家做家务事。
zhōu mò yě yào zài jiā zuò jiā wù shì.

根本不能充分地休息。
gēn běn bù néng chōng fèn de xiū xi.

所以利用假期去旅行
suǒ yǐ lì yòng jià qī qù lǚ xíng

是消除压力的最好方法。
shì xiāo chú yā lì de zuì hǎo fāng fǎ.

如果经济条件允许的话,
rú guǒ jīng jì tiáo jiàn yǔn xǔ de huà,

不妨去海外旅行。
bù fáng qù hǎi wài lǚ xíng.

我认为去海外旅行根本不是什么
wǒ rèn wéi qù hǎi wài lǚ xíng gēn běn bú shì shén me

실전 모의고사 답안

浪费行为而是现代人
làng fèi xíng wéi ér shì xiàn dài rén
享受生活的一种选择。
xiǎng shòu shēng huó de yì zhǒng xuǎn zé.

한글해석 질문: 요즘 휴가철이 되면 많은 사람들이 해외여행을 가는데 당신은 이러한 현상에 대해 어떻게 생각합니까?
예시답안: 많은 사람들이 평소에는 일을 하느라 바쁘고 주말에도 집에서 집안 일을 해야 하기 때문에 충분한 휴식을 취할 수 없습니다. 그러므로 휴가를 이용해서 여행을 가는 것은 스트레스를 해소할 수 있는 좋은 방법입니다. 만약 경제사정이 좋다면 해외여행을 가는 것도 무방합니다. 저는 해외여행을 가는 것이 낭비가 아니라 현대인이 생활을 향유하는 일종의 선택이라고 생각합니다.

단어
- 假期 [jiàqī] 명 휴가
- 家务事 [jiāwùshì] 명 집안일
- 充分 [chōngfèn] 형 충분히
- 消除 [xiāochú] 동 해소하다
- 享受 [xiǎngshòu] 동 향유하다

Tip '很多人平时工作很忙'은 '많은 사람들이 평소에 일을 하느라 바쁘다'는 표현이다. '~하느라 바쁘다'는 중국어로 여러 가지 표현이 있지만 '团团转 [tuántuánzhuàn]: 이리 뛰고 저리 뛰다'는 표현이 많이 쓰인다. 고득점을 위해서는 고급 단어를 익혀 두는 것도 중요하다.
예 我平时忙得团团转。
나는 평소 바빠서 이리 뛰고 저리 뛴다.
妈妈一个人在厨房忙得团团转。
어머니는 혼자 주방에서 바빠서 허둥지둥 하신다.

3
질문 你一般什么时候坐出租车?
예시답안 我是很节省的人, 花钱一定有计划。
wǒ shì hěn jié shěng de rén, huā qián yí dìng yǒu jì huà.
我觉得平时坐出租车很浪费钱。
wǒ jué de píng shí zuò chū zū chē hěn làng fèi qián.
所以一般不会坐出租车的。
suǒ yǐ yì bān bú huì zuò chū zū chē de.
不过有急事或者
bú guò yǒu jí shì huò zhě
陪父母出门的时候打车。
péi fù mǔ chū mén de shí hou dǎ chē.
因为我父母年纪大, 行动不便。
yīn wèi wǒ fù mǔ nián jì dà, xíng dòng bú biàn.
所以为了父母, 我有时会坐出租车。
suǒ yǐ wèi le fù mǔ, wǒ yǒu shí huì zuò chū zū chē.

한글해석 질문: 당신은 보통 언제 택시를 탑니까?
예시답안: 저는 매우 절약하는 사람이라 돈을 쓸 때는 분명한 계획이 있습니다. 저는 평소에 택시를 타는 것은 돈 낭비라고 생각합니다. 그래서 보통 택시를 타지 않습니다. 그러나 급한 일이 있거나 부모님을 모시고 외출할 때에는 택시를 탑니다. 왜냐하면 우리 부모님은 연세가 많아 거동이 불편하시기 때문에 부모님을 위해 때때로 택시를 탑니다.

단어
- 节省 [jiéshěng] 동 절약하다
- 计划 [jìhuà] 명 계획
- 浪费 [làngfèi] 동 낭비하다
- 急事 [jíshì] 명 급한 일
- 不便 [búbiàn] 형 불편하다

Tip '或者'는 '혹은, 아니면'이라는 뜻의 접속사로 동등관계를 나타낸다. 반면 '还是'는 '아니면'이라는 의미이긴 하나 선택관계를 나타내고 의문문을 만든다.
예 这个假期我要去上海或者北京。
이번 휴가 때 나는 상해, 혹은 북경에 갈 것이다.
你想去上海还是北京?
너는 상해에 가고 싶니? 아니면 북경에 가고 싶니?

4
질문 你们公司常常加班吗?
예시답안 不仅仅是我们公司一家, 我觉得韩国的
bù jǐn jǐn shì wǒ men gōng sī yì jiā, wǒ jué de hán guó de
大部分企业可能都会加班。
dà bù fen qǐ yè kě néng dōu huì jiā bān.
拿我们公司来说, 公司规定
ná wǒ men gōng sī lái shuō, gōng sī guī dìng
早上9点上班, 晚上6点下班。
zǎo shang jiǔ diǎn shàng bān, wǎn shang liù diǎn xià bān.
但是我一次也没有准时下过班。
dàn shì wǒ yí cì yě méi yǒu zhǔn shí xià guo bān.
因为每天晚上不是要开会
yīn wèi měi tiān wǎn shang bú shì yào kāi huì
就是要见客户。
jiù shì yào jiàn kè hù.
晚上要到10点多才能回家。
wǎn shang yào dào shí diǎn duō cái néng huí jiā.
所以我工作压力非常大。
suǒ yǐ wǒ gōng zuò yā lì fēi cháng dà.

한글해석 질문: 당신의 회사는 자주 야근을 합니까?
예시답안: 우리 회사 한 곳만 그런 것이 아니라 한국의 대부분 기업은 모두 야근을 할 것이라고 생각합니다. 우리 회사를 예로 들어보면 아침 9시 출근, 저녁 6시 퇴근을 규정합니다. 그러나 저는 한 번도 정시에 퇴근한 적이 없습니다. 왜냐하면 매일 저녁 회의를 하거나 고객을 만나야 하기 때문입니다. 밤 10시가 넘어서야 집에 돌아갈 수 있습니다. 그래서 스트레스가 매우 큽니다.

단어
- 加班 [jiābān] 동 야근하다
- 不仅仅 [bùjǐnjǐn] 부 ~만이 아니다
- 企业 [qǐyè] 명 기업
- 拿~来说 [ná~láishuō] ~로 말하자면
- 规定 [guīdìng] 동 규정하다

Tip '不是A就是B'는 'A하지 않으면 B한다'는 뜻의 접속사 표현으로 A, B 중 하나를 나타내는 것이고 '不是A而是B'는 'A가 아니고 B이다'는 뜻이다.
예) 这个包不是王老师的就是李老师的。
이 가방은 왕선생님 아니면 이선생님 것이다.
这个钱包不是我的而是妹妹的。
이 지갑은 내 것이 아니라 여동생의 것이다.

5

질문 为了保养好皮肤, 你一般怎么做?

예시답안 皮肤好显得更年轻。所以我为
pí fū hǎo xiǎn de gèng nián qīng. suǒ yǐ wǒ wèi

保养好皮肤下了很大的功夫。
bǎo yǎng hǎo pí fū xià le hěn dà de gōng fu.

第一, 我平时用淘米水洗脸。
dì yī, wǒ píng shí yòng táo mǐ shuǐ xǐ liǎn.

因为淘米水会使皮肤变得更白。
yīn wèi táo mǐ shuǐ huì shǐ pí fū biàn de gèng bái.

第二, 每周两三次用各种各样的
dì èr, měi zhōu liǎng sān cì yòng gè zhǒng gè yàng de

蔬菜做面膜。新鲜的蔬菜
shū cài zuò miàn mó. xīn xiān de shū cài

能给我的皮肤补充水分。
néng gěi wǒ de pí fū bǔ chōng shuǐ fèn.

周围的人都说,
zhōu wéi de rén dōu shuō,

我看起来比实际年龄年轻。
wǒ kàn qǐ lái bǐ shí jì nián líng nián qīng.

한글해석 질문: 피부를 보호하기 위해 당신은 보통 무엇을 합니까?
예시답안: 피부가 좋으면 훨씬 젊어 보입니다. 그래서 저는 피부를 보호하기 위해 많은 노력을 합니다. 첫째, 평소 쌀뜨물을 사용하여 세수를 합니다. 왜냐하면 쌀뜨물은 피부를 하얗게 해주기 때문입니다. 둘째, 일주일에 두세 번 여러 가지 야채를 사용하여 팩을 합니다. 신선한 야채는 피부에 수분을 보충해 줍니다. 주위 사람들이 말하기를 제 나이에 비해 훨씬 젊어 보인다고 합니다.

단어
- 保养 [bǎoyǎng] 동 보양하다
- 显得 [xiǎnde] 동 ~처럼 보이다
- 下功夫 [xiàgōngfu] 동 공을 들이다
- 淘米水 [táomǐshuǐ] 명 쌀뜨물
- 做面膜 [zuòmiànmó] 팩을 하다

Tip '为~下功夫'는 '~을 위해서 노력하다, 공을 들이다, 애를 쓰다'는 뜻으로 '努力'와 바꾸어 쓸 수 있다.
예) 只要下功夫就不难。
노력만 하면 어렵지 않다.
你要更下功夫学习。
너는 더 열심히 공부해야 한다.

第五部分: 拓展回答

1

질문 现在很多人都拥有手机,
你觉得公用电话还有存在的必要吗?

예시답안 现在人人都有手机。
xiàn zài rén rén dōu yǒu shǒu jī.

人们可以随时随地用手机
rén men kě yǐ suí shí suí dì yòng shǒu jī

打电话或者发短信。
dǎ diàn huà huò zhě fā duǎn xìn.

这样不仅可以迅速地跟对方联系,
zhè yàng bù jǐn kě yǐ xùn sù de gēn duì fāng lián xì,

还可以减少找公用电话的麻烦。
hái kě yǐ jiǎn shǎo zhǎo gōng yòng diàn huà de má fán.

所以公用电话渐渐丧失了
suǒ yǐ gōng yòng diàn huà jiàn jiàn sàng shī le

存在的意义。因此, 我想与其再设置
cún zài de yì yì. yīn cǐ, wǒ xiǎng yǔ qí zài shè zhì

公用电话, 还不如降低手机的话费,
gōng yòng diàn huà, hái bù rú jiàng dī shǒu jī de huà fèi,

提高手机的通话质量。
tí gāo shǒu jī de tōng huà zhì liàng.

한글해석 질문: 현재 많은 사람들이 핸드폰을 가지고 있는 상황에서 공중전화가 필요하다고 생각합니까?
예시답안: 현재 사람들 모두 핸드폰을 가지고 있습니다. 사람들은 언제 어디서나 핸드폰으로 전화를 하거나 문자를 보낼 수 있습니다. 이렇게 하면 신속하게 상대방과 연락할 수 있을 뿐만 아니라 공중전화를 찾아야 하는 번거로움도 줄일 수 있습니다. 그러므로 공중전화는 점차 존재의 의미를 상실하게 되었습니다. 그러므로 공중전화를 설치하느니 통화료를 내리거나 통화의 질을 향상시키는 것이 더 낫다고 생각합니다.

단어
- 随时随地 [suíshísuídì] 낮은말 언제 어디서나
- 联系 [liánxì] 동 연락하다
- 渐渐 [jiànjiàn] 부 점차
- 丧失 [sàngshī] 동 상실하다
- 设置 [shèzhì] 동 설치하다

Tip '与其A不如B'는 'A 하느니 차라리 B 하는 것이 낫다'는 접속사 표현이다.
예) 与其找工作不如上研究生。
직업을 찾느니 차라리 대학원을 가는 것이 낫다.
与其吃减肥药还不如运动。
다이어트 약을 먹느니 운동을 하는 것이 낫다.

2

질문 你常常看电视剧吗? 说说你对电视剧有什么看法?

예시답안 我很喜欢看电视剧。不但每天
wǒ hěn xǐ huan kàn diàn shì jù. bú dàn měi tiān

晚上看甚至周末还看重播。
wǎn shang kàn shèn zhì zhōu mò hái kàn chóng bō.

실전 모의고사 답안

虽然我这么迷恋电视剧
suī rán wǒ zhè me mí liàn diàn shì jù

但是不得不承认有的电视剧的
dàn shì bù de bù chéng rèn yǒu de diàn shì jù de

内容过于刺激，并不适合青少年看。
nèi róng guò yú cì jī, bìng bú shì hé qīng shào nián kàn.

现在的大部分电视剧为了吸引
xiàn zài de dà bù fen diàn shì jù wèi le xī yǐn

观众的注意而使用过于刺激的素材。
guān zhòng men de zhù yì lì yòng hěn cì jī de sù cái.

这会给青少年带来负面影响。
zhè huì gěi qīng shào nián dài lái fù miàn yǐng xiǎng.

所以我们要挑选有益并且能
suǒ yǐ wǒ men yào tiāo xuǎn yǒu yì bìng qiě néng

有所收获的电视剧观看。
yǒu suǒ shōu huò de diàn shì jù guān kàn.

한글해석 질문: 당신은 자주 드라마를 봅니까? 드라마에 대한 당신의 생각을 말해 보세요.

예시답안: 저는 드라마 보는 것을 매우 좋아합니다. 매일 저녁 볼 뿐 아니라 심지어 주말에 재방송도 봅니다. 비록 이렇게 드라마에 빠져 있지만 드라마의 내용이 자극적이어서 청소년들이 보기에 부적합하다는 것을 인정하지 않을 수 없습니다. 요즘 대부분의 드라마가 관중들의 주의를 끌기 위해 매우 자극적인 주제를 사용합니다. 이것은 청소년들에게 부정적인 영향을 줄 것 입니다. 그래서 우리는 유익하고 교훈적인 드라마를 선택해서 보아야 합니다.

단어
- 重播 [chóngbō] 동 재방송하다
- 迷恋 [míliàn] 동 미련을 두다
- 刺激 [cìjī] 동 자극이다
- 引起 [yǐnqǐ] 동 (주의를)끌다
- 素材 [sùcái] 명 소재

Tip '不得不+동사'는 '할 수 없이 ~하다'는 표현이고 '给~带来~影响'은 '~에게 영향을 가져오다'는 뜻의 고정구로 사회이슈 문제가 출제되는 5부분에서는 꼭 외워두어야 할 표현이다.
예) 我没带护照, 不得不回家一趟。
내가 여권을 가지고 오지 않아서 하는 수 없이 또 집으로 갔다.
抽烟给青少年带来负面影响。
흡연은 청소년에게 나쁜 영향을 준다.

3
질문 你平时用国内产品还是国外产品?

예시답안
我两个都用。我的笔记本电脑
wǒ liǎng ge dōu yòng. wǒ de bǐ jì běn diàn nǎo

是进口商品；手机是三星的。
shì jìn kǒu shāng pǐn; shǒu jī shì sān xīng de.

现在在哪儿都可以买得到国外产品，
xiàn zài zài nǎr dōu kě yǐ mǎi de dào guó wài chǎn pǐn,

利用因特网甚至随时都可以在
lì yòng yīn tè wǎng shèn zhì suí shí dōu kě yǐ zài

海外网站上直接订货。
hǎi wài wǎng zhàn shàng zhí jiē dìng huò.

再说, 我买东西的时候看重
zài shuō, wǒ mǎi dōng xi de shí hou kàn zhòng

质量和价格, 是不是国产对我来说
zhì liàng hé jià gé, shì bu shì guó chǎn duì wǒ lái shuō

并不是很重要。
bìng bú shì hěn zhòng yào.

所以买东西之前我会先将几个牌子
suǒ yǐ mǎi dōng xi zhī qián wǒ huì xiān jiāng jǐ ge pái zi

作比较之后再决定购买哪一个。
zuò bǐ jiào zhī hòu zài jué dìng gòu mǎi nǎ yí ge.

한글해석 질문: 당신은 평소에 국산제품을 씁니까? 외제를 씁니까?

예시답안: 저는 둘 다 사용합니다. 제 노트북은 수입품이고, 핸드폰은 삼성 제품입니다. 지금은 어디에서나 외국 제품을 살 수 있고 심지어 인터넷으로 언제나 해외 사이트에서 물건을 주문할 수 있습니다. 게다가 저는 물건을 살 때 질과 가격을 중요하게 생각하기 때문에 국산인지 아닌지는 저에게 그리 중요하지 않습니다. 그래서 물건을 구입하기 전에 몇 개의 브랜드를 비교해 본 후 어느 브랜드의 제품을 살 지를 결정합니다.

단어
- 牌子 [páizi] 명 브랜드
- 买得到 [mǎidedào] 살 수 있다
- 因特网 [yīntèwǎng] 명 인터넷
- 网站 [wǎngzhàn] 명 웹사이트
- 决定 [juédìng] 동 결정하다

Tip '对~来说: ~에게 있어서'의 의미로, 사람의 입장이나 관점을 들어 이야기할 때 사용하는 표현이다.

4
질문 换季的时候因为得了感冒去医院看病的人越来越多。你觉得预防感冒最好的方法是什么?

예시답안
换季的时候最容易得感冒。
huàn jì de shí hou zuì róng yì dé gǎn mào.

为了预防感冒我一定要做到
wèi le yù fáng gǎn mào wǒ yí dìng yào zuò dào

下面几点。
xià miàn jǐ diǎn.

第一, 出门回来一定要洗手, 保持清洁。
dì yī, chū mén huí lái yí dìng yào xǐ shǒu, bǎo chí qīng jié.

第二, 多喝水补充体内的水分。
dì èr, duō hē shuǐ bǔ chōng tǐ nèi de shuǐ fèn.

第三, 听专家们说补充维生素C
dì sān, tīng zhuān jiā men shuō bǔ chōng wéi shēng sù C

是预防感冒的好方法。
shì yù fáng gǎn mào de hǎo fāng fǎ.

所以平时多吃水果和蔬菜。
suǒ yǐ píng shí duō chī shuǐ guǒ hé shū cài.

均衡摄取各种营养, 不要挑食。
jūn héng shè qǔ gè zhǒng yíng yǎng, bú yào tiāo shí.

这样绝对不会得感冒的。
zhè yàng jiù bú huì dé gǎn mào le.

한글해석
질문: 환절기에 감기 때문에 병원을 찾는 사람이 점점 많아집니다. 당신은 감기를 예방하는 가장 좋은 방법이 무엇이라고 생각합니까?

예시답안: 환절기에는 감기에 걸리기가 쉽습니다. 감기를 예방하기 위해서 저는 다음 몇 가지를 꼭 실천합니다. 첫째, 외출했다 돌아오면 반드시 깨끗하게 손을 씻어 청결을 유지합니다. 둘째, 물을 많이 마셔서 체내에 수분을 보충해 줍니다. 셋째, 전문가들의 말에 의하면 비타민C를 보충하는 것이 감기를 예방하는 좋은 방법이라고 합니다. 그래서 평소에 과일과 야채를 많이 먹습니다. 마지막으로 각종 영양소를 섭취하고 편식을 하지 않습니다. 이렇게 하면 감기에 걸리지 않습니다.

단어
- 保持 [bǎochí] 동 유지하다
- 清洁 [qīngjié] 형 청결하다
- 维生素 [wéishēngsù] 명 비타민
- 预防 [yùfáng] 동 예방하다
- 挑食 [tiāoshí] 동 편식하다

Tip '越来越'는 '점점, 갈수록'이라는 의미의 부사로 변화를 나타낸다. 또 '越A越B'와 같이 표현하여, '~할수록 ~하다'의 변화를 나타낸다.
예) 你最近 在减肥吗? 越来越瘦了。
너 요즘 다이어트하니? 점점 야위어가네.
这蛋糕越吃越好吃。이 케익 먹을수록 맛있다.

第六部分: 情景应对

1
질문: 你在百货商店买衣服后使用信用卡结了账。不过回家后才发现店员刷错了价格,你给百货商店打电话说明情况。

예시답안:
喂,你好。百货商店吗?
wéi, nǐ hǎo. bǎi huò shāng diàn ma?
我一个小时前在你们那儿买了一件衣服。
wǒ yí ge xiǎo shí qián zài nǐ men nàr mǎi le yí jiàn yī fu.
我是用信用卡结帐的。
wǒ shì yòng xìn yòng kǎ jié zhàng de.
不过回来一看你刷错了价格。
bú guò huí lái yí kàn nǐ shuā cuò le jià gé.
你把359刷成了395,
nǐ bǎ sān bǎi wǔ shí jiǔ shuā chéng le sān bǎi jiǔ shí wǔ,
比原来的价钱多刷了36块钱。
bǐ yuán lái de jià qián duō shuā le sān shí liù kuài qián.
我明天下午正好在百货商店
wǒ míng tiān xià wǔ zhèng hǎo zài bǎi huò shāng diàn
附近有事,到时候我顺便去一趟。
fù jìn yǒu shì, dào shí hou wǒ shùn biàn qù yí tàng.
麻烦你帮我把这张发票
má fan nǐ bāng wǒ bǎ zhè zhāng fā piào
取消后重新刷一下。
qǔ xiāo hòu chóng xīn shuā yí xià.

한글해석
질문: 당신은 백화점에서 옷을 산 뒤 신용카드로 결제를 했습니다. 그러나 집에 돌아와서 보니 점원이 가격을 잘못 결제했습니다. 백화점에 전화해서 이 상황을 설명해 보세요.

예시답안: 여보세요, 안녕하세요. 백화점이죠? 제가 한 시간 전에 그 곳에서 옷을 한 벌 샀어요. 신용카드로 결제를 했고요. 그런데 집에 돌아와 확인하니 가격을 잘못 결제하셨더라고요. 359위안인데 395위안으로 잘못해서 원래 가격보다 36위안 더 결제되었습니다. 제가 내일 오후 백화점 부근에 일이 있어, 다시 한번 방문할게요. 이 영수증을 취소하고 다시 결제해 주세요.

단어
- 信用卡 [xìnyòngkǎ] 명 신용카드
- 结帐 [jiézhàng] 동 계산하다
- 一趟 [yítàng] (왔다 갔다) 한 번
- 重新 [chóngxīn] 부 새로
- 取消 [qǔxiāo] 동 취소하다

Tip '顺便'은 '~하는 김에, 겸사겸사'라는 뜻을 가진 부사이다.
예) 我下班,顺便来看看你。
내가 퇴근하는 김에 너희를 보러 왔다.
路过超市,顺便买点儿水果吧。
슈퍼를 지나는 김에 과일을 좀 사자.

2
질문: 下个星期一是你儿子的毕业典礼。请你向老板说明一下情况后请假。

예시답안:
老板,下个星期一我儿子就要大学毕业了。
lǎo bǎn, xià ge xīng qī yī wǒ ér zi jiù yào dà xué bì yè le.
大学四年他一边学习一边打工,
dà xué sì nián tā yì biān xué xí yì biān dǎ gōng,
很辛苦。现在终于毕业了。
hěn xīn kǔ. xiàn zài zhōng yú bì yè le.
作为妈妈,我很想去祝贺他,
zuò wéi mā ma, wǒ hěn xiǎng qù zhù hè tā,
也很想告诉他"我真的为你感到骄傲。"
yě hěn xiǎng gào su tā "wǒ zhēn de wèi nǐ gǎn dào jiāo ào."
听说毕业典礼在上午10点半开始。
tīng shuō bì yè diǎn lǐ zài shàng wǔ shí diǎn bàn kāi shǐ.
所以我想请一天假去参加他的
suǒ yǐ wǒ xiǎng qǐng yì tiān jià qù cān jiā tā de
毕业典礼。行吗?
bì yè diǎn lǐ. xíng ma?

한글해석
질문: 다음주 월요일이 당신 아들의 졸업식입니다. 사장님께 상황을 설명하고 휴가를 신청하세요.

예시답안: 사장님, 다음주 월요일이 제 아들 졸업식이에요. 대학 4년 동안 스스로 공부하고 아르바이트를 하며 고생했는데 드디어 졸업을 합니다. 엄마로서 가서 축하도 해 주고 "네가 자랑스럽구나" 하고 말해주고 싶어요. 듣자 하니 졸업식이 오전 10시에 시작한다고 해요. 그래서 하루 휴가를 내고 졸업식에 참석하고 싶어요. 괜찮겠지요?

실전 모의고사 답안

단어
- 毕业典礼 [bìyèdiǎnlǐ] 명 졸업식
- 终于 [zhōngyú] 부 드디어
- 祝贺 [zhùhè] 동 축하하다
- 骄傲 [jiāoào] 형 자랑스럽다
- 举行 [jǔxíng] 동 행하다

Tip '就要~了'는 '머지 않아 ~일 것이다'의 의미로 상황이 곧 발생함을 나타내며, '快要~了'로 바꾸어 말할 수 있다.
예 会议就要结束了。
  회의가 곧 끝납니다.
  我的生日快要到了。
  머지 않아 내 생일입니다.

3
질문: 你在百货商店里和孩子走散了。
向有关工作人员描述一下你的孩子是什么样子。

예시답안:
我儿子不见了。刚才我跟我儿子
wǒ ér zi bú jiàn le. gāng cái wǒ gēn wǒ ér zi
在3层, 可是他说要去看玩具。
zài sān céng, kě shì tā shuō yào qù kàn wán jù.
我买完衣服去玩具区一看,
wǒ mǎi wán yī fu qù wán jù qū yí kàn,
这才发现我儿子不见了。
zhè cái fā xiàn wǒ ér zi bú jiàn le.
找了一圈儿也找不到。你快点儿
zhǎo le yì quānr yě zhǎo bú dào. nǐ kuài diǎnr
帮我通过广播找一下吧。
bāng wǒ tōng guò guǎng bō zhǎo yí xià ba.
他今年六岁。
tā jīn nián liù suì.
穿着白色的体恤和蓝色的短裤,
chuān zhe bái sè de tǐ xù hé lán sè de duǎn kùn,
还背了一个绿色的小包。
hái bēi le yí ge lǜ sè de xiǎo bāo.
他不会有事儿吧?
tā bú huì yǒu shìr ba?

한글해석:
질문: 당신이 백화점에서 아이를 잃어버렸습니다. 직원에게 당신 아들의 모습을 묘사해 보세요.
예시답안: 제 아들이 보이지 않아요. 방금 저와 제 아들이 3층에서 있었고 아들이 장난감을 구경하겠다고 했어요. 옷을 사고 장난감 가게에 가보니 아들이 없어졌어요. 한 바퀴 돌아보았는데 찾을 수가 없어요. 빨리 저의 아들 좀 찾아주세요. 올해 6살 된 남자아이고 흰색 티셔츠에 파란색 반바지를 입었고 초록색 작은 가방을 매고 있어요. 아들에게 아무 일 없겠죠?

- 丢 [diū] 동 잃어 버리다.

단어
- 工作人员 [gōngzuòrényuán] 명 직원
- 玩具 [wánjù] 명 장난감
- 一圈 [yìquān] 한 바퀴
- 广播 [guǎngbō] 명 안내방송

Tip '동사+不到'는 '~할 수 없다'는 뜻으로 가능보어 형태이다. 반대로 '동사+得到'는 '~할 수 있다'는 표현이다.
예 他去了好几家书店, 可是买不到这本小说。
  그는 여러 서점을 가보았지만, 이 소설을 살 수 없었다.
  他等不到你, 先回家了。
  그는 너를 기다릴 수 없어 먼저 집에 갔다.

第七部分：看图说话

예시답안:
周末一家人一起去动物园玩儿。
zhōu mò yì jiā rén yì qǐ qù dòng wù yuán wánr.
爸爸, 妈妈和儿子都在高兴地在看猴子。
bà ba, mā ma hé ér zi dōu zài gāo xìng de zài kàn hóu zi.
可是突然间发现儿子不见了。
kě shì tū rán jiān fā xiàn ér zi bú jiàn le.
爸爸, 妈妈都很着急。
bà ba, mā ma hěn zháo jí.
虽然四处寻找, 可是也找不到孩子了。
suī rán sì chù xún zhǎo, kě shì yě zhǎo bú dào hái zi le.
尽管父母赶紧去报了警,
jǐn guǎn fù mǔ gǎn jǐn qù bào le jǐng,
但最终还是没有找到。
dàn zuì zhōng hái shì méi yǒu zhǎo dào.
父母无奈地回到家, 却没想到,
fù mǔ wú nài de huí dào jiā, què méi xiǎng dào,
发现孩子正站在门口哭泣。
fā xiàn hái zi zhèng zhàn zài mén kǒu kū qì.

한글해석:
예시답안: 주말에 가족이 함께 동물원에 놀러 갔다. 엄마 아빠 아들이 즐거운 모습으로 동물원에서 원숭이를 보고 있다. 그런데 갑자기 아이가 사라져서 아빠, 엄마는 매우 조급했다. 곳곳마다 아이를 찾으러 다녔지만 아이를 찾을 수 없었다. 그래서 그들은 얼른 경찰서로 가서 신고하였다. 하지만 결국은 아이를 찾지 못해서 집으로 돌아왔는데 뜻밖에도 아이가 집 대문 앞에 서서 울고 있는 것을 발견했다.

단어
- 猴子 [hóuzi] 명 원숭이
- 突然 [tūrán] 부 갑자기
- 着急 [zháojí] 동 조급하다
- 赶紧 [gǎnjǐn] 부 재빨리
- 没想到 [méixiǎngdào] 생각지도 못하게

Tip '동사1着+동사2'는 '~한 채로 ~하다'는 표현으로 '着'는 동작의 지속을 나타내는 조사이다.
예 妈妈笑着对我说, "我爱你"。
  엄마는 웃으면서 나에게 "사랑해"라고 말했다.
  姐姐躺着听音乐。
  언니는 누워서 음악을 듣는다.

실전 모의고사 3

第二部分 : 看图回答

1 질문 她在这家公司工作多长时间了?

예시답안 她在这家公司工作大概六年了。
tā zài zhè jiā gōng sī gōng zuò dà gài liù nián le.

한글해석 질문: 그녀는 이 회사에서 얼마동안 일을 했나요?
예시답안: 그녀는 이 회사에서 6년 정도 일을 했어요.

단어
- 家 [jiā] 명 집
- 公司 [gōngsī] 명 회사
- 工作 [gōngzuò] 동 일하다
- 多长时间 [duōchángshíjiān] 얼마동안
- 大概 [dàgài] 부 대략

Tip '多长时间'은 시간의 길이를 묻는 표현이다. 시간에는 시점과 시량의 개념이 있는데 시점과 시량을 나타내는 어휘의 종류와 쓰임에 유의하자.

시점		시량	
点	시	小时	시간
分	분	分钟	분
刻	15분		
半	30분		

예 我8点半去上班。
나는 8시 반에 출근한다.
我工作8个小时了。
나는 8시간동안 일했다.

2 질문 丈夫大还是妻子大?

예시답안 妻子比丈夫大一岁。
qī zi bǐ zhàng fu dà yí suì.

한글해석 질문: 남편이 나이가 많나요? 아내가 많나요?
예시답안: 아내가 남편보다 한 살 많아요.

단어
- 丈夫 [zhàngfu] 명 남편
- 还是 [háishi] 부 아니면
- 妻子 [qīzi] 명 아내
- 比 [bǐ] 개 ~보다
- 岁 [suì] 살

Tip 'A比B+형용사'는 'A가 B보다 ~하다'는 비교문의 표현이다. 비교문에서는 '很', '非常', '特别'의 부사를 사용할 수 없고 '更', '还'만 쓸 수 있다. 또 구체적인 수량을 비교하려면 'A比B+형용사+수사'로 표현할 수 있다.
예 这件衣服比那件衣服贵20块钱。
이 옷이 저 옷보다 20위안 비싸다.
今天的气温比昨天高3度。
오늘 기온이 어제보다 3도 높다.

3 질문 今天多少度?

예시답안 今天14度, 外边在下雨。
jīn tiān shí sì dù, wài biān zài xià yǔ.

한글해석 질문: 오늘은 몇 도입니까?
예시답안: 오늘은 14도이고, 밖에 비가 내려요.

단어
- 多少 [duōshǎo] 몇, 얼마
- 度 [dù] 명 도
- 外边 [wàibiān] 명 밖
- 在 [zài] 동작이나 행위가 진행중임을 나타냄
- 下雨 [xiàyǔ] 비가 내리다

Tip '多少'는 '몇, 얼마'라는 뜻으로 수량을 물을 때 사용하는 의문사로 '几'와 같지만 '多少'는 10 이상의 큰 수를, '几'는 10 미만의 작은 수를 묻는 경우에 쓰인다.
예 中国人口有多少?
중국의 인구는 몇 명입니까?
你们公司有几个外国人?
당신 회사에 외국인은 몇 명입니까?

4 질문 学校对面有什么?

예시답안 学校对面有一个花店。
xué xiào duì miàn yǒu yí ge huā diàn.

한글해석 질문: 학교 맞은편에 무엇이 있나요?
예시답안: 학교 맞은편에 꽃가게가 하나 있어요.

단어
- 学校 [xuéxiào] 명 학교
- 对面 [duìmiàn] 명 맞은 편
- 有 [yǒu] 동 있다
- 什么 [shénme] 대 무엇
- 花店 [huādiàn] 명 꽃집

Tip 사물이나 사람의 위치를 묻는 문제는 자주 등장하는 유형이므로 방향사의 종류와 쓰임을 잘 알아 두도록 하자.

위쪽	아래쪽	오른쪽	왼쪽
上边	下边	右边	左边
안쪽	바깥쪽	옆 쪽	맞은편
里边	外边	旁边	对面

第三部分 : 快速回答

1 질문 会议时间怎么这么长啊?

예시답안 今天和客户谈得不太顺利,
jīn tiān hé kè hù tán de bú tài shùn lì,

最后我们没有签订协议,
zuì hòu wǒ men méi yǒu qiān dìng xié yì,

所以决定明天再开会谈谈。
suǒ yǐ jué dìng míng tiān zài kāi huì tán tan.

실전 모의고사 답안

한글해석
질문: 회의 시간이 왜 이렇게 길어요?
예시답안: 오늘 고객과의 협상이 순조롭지 않아서 결국 협의를 맺지 못했어요. 그래서 내일 다시 회의를 열어 상의하기로 했어요.

단어
- 这么 [zhème] 대 이렇게
- 客户 [kèhù] 명 고객
- 谈 [tán] 동 협상하다
- 顺利 [shùnlì] 형 순조롭다
- 签订协议 [qiāndìngxiéyì] 합의를 보다

Tip '谈得不太顺利'란 '토론이 순조롭지 않았다'는 뜻으로 '동사/형용사+得+정도보어'는 앞 동사의 정도나 상태를 나타내는 표현이다.
예) 他汉字写得很漂亮。 그는 한자를 예쁘게 쓴다.
她唱歌唱得很好听。 그녀는 노래를 잘 부른다.

2
질문 你怎么了, 你的脸色怎么这么不好啊?
예시답안 别提了。隔壁新搬来的一对夫妻
bié tí le. gé bì xīn bān lái de yí duì fū qī

三天两头吵架, 真受不了。
sān tiān liǎng tóu chǎo jià, zhēn shòu bu liǎo.

한글해석
질문: 너 왜그래? 얼굴색이 왜 점점 안 좋아지니?
예시답안: 말도 마. 우리 옆집에 부부가 새로 이사왔는데 하루에도 몇 번씩 말다툼을 해. 정말 참을 수가 없어.

단어
- 脸色 [liǎnsè] 명 안색
- 隔壁 [gébì] 명 이웃
- 三天两头 [sāntiānliǎngtóu] 하루가 멀다 하고
- 吵架 [chǎojià] 말다툼하다
- 受不了 [shòubùliǎo] 동 견딜 수 없다

Tip '怎么这么+형용사?'는 '왜 이렇게 ~하니?'라는 뜻으로 '怎么'는 수단이나 방법을 묻는 '어떻게'라는 뜻 이외에도 이유를 묻는 '왜'라는 의미도 있다는 것을 알아두자.
예) 今天怎么这么热啊? 오늘 날씨가 왜 이렇게 덥지?
你走得怎么这么慢啊? 너 걷는 것이 이렇게 더디니?

3
질문 你吃早饭了吗? 你也喝一点牛奶吧。
예시답안 谢谢你, 其实昨天晚上我忘了
xiè xie nǐ, qí shí zuó tiān wǎn shang wǒ wàng le

定闹钟, 早上顾不上
dìng nào zhōng, zǎo shang gù bu shàng

吃早饭就来了。
chī zǎo fàn jiù lái le.

한글해석
질문: 아침 먹었어? 너도 우유 하나 마시렴.
예시답안: 고마워, 사실 어제 밤에 알람시계 맞추어 놓는 것을 깜박해서 오늘 아침도 못 먹고 왔어.

단어
- 牛奶 [niúnǎi] 명 우유
- 其实 [qíshí] 부 사실은
- 忘 [wàng] 동 잊어버리다
- 定闹钟 [dìngnàozhōng] 알람을 맞추다
- 顾不上 [gùbushàng] 돌볼 틈이 없다

Tip '顾不上'은 '~을 돌볼 틈이 없다'는 뜻으로 '顾不上+동사/명사'의 형태로 표현한다.
예) 一整天忙着工作, 顾不上别的事情。
하루 종일 바쁘게 일하느라 다른 일을 돌볼 수 없었다.
连自己都顾不上, 怎么能帮助别人呢?
내 자신도 돌볼 틈이 없는데 어떻게 다른 사람을 도와줘?

4
질문 这张桌子要搬到哪儿啊?
예시답안 这张桌子是我儿子的。
zhè zhāng zhuō zi shì wǒ ér zi de.

要搬到小屋子里,
yào bān dào xiǎo wū zi lǐ,

放在床的右边就行了。
fàng zài chuáng de yòu biān jiù xíng le.

한글해석
질문: 이 책상 어디로 옮길까요?
예시답안: 이것은 우리 아들 책상이에요. 작은 방으로 옮겨야 하는데 침대 오른쪽에 놓으시면 되요.

단어
- 桌子 [zhuōzi] 명 책상
- 搬 [bān] 동 옮기다
- 小屋子 [xiǎowūzi] 명 작은 방
- 放 [fàng] 동 놓다
- 右边 [yòubiān] 명 오른쪽

Tip '~就行了'는 '~하기만 하면 된다'는 의미로 앞 문장의 조건만 갖추어지면 된다는 것이다.
예) 喝一杯水就行了。
물 한잔만 마시면 되요.
吃三天药, 好好儿休息就行了。
3일 약 먹고 잘 쉬기만 하면 되요.

5
질문 这是谁寄来的信啊?
예시답안 这是我的高中同学寄来的一封信,
zhè shì wǒ de gāo zhōng tóng xué jì lái de yì fēng xìn,

他去年去英国留学了,
tā qù nián qù yīng guó liú xué le,

不过我们一直都在联系。
bú guò wǒ men yì zhí dōu zài lián xì.

한글해석
질문: 이거 누구한테서 온 편지니?
예시답안: 이거 고등학교 때 친구가 보낸 편지야. 그 아이 작년에 영국으로 유학 갔는데 계속 연락하며 지내.

단어
- 寄 [jì] 동 부치다
- 信 [xìn] 명 편지

- 高中 [gāozhōng] 명 고등학교
- 留学 [liúxué] 동 유학하다
- 联系 [liánxì] 동 연락하다

Tip '留学'는 이합동사이므로 목적어를 갖지 못한다. 그러므로 '~로 유학을 가다'는 '去~留学'라고 표현해야 한다.
예) 你想去哪儿留学?
    너는 어디로 유학 갈 생각이니?
    我妹妹去年去英国留学了。
    내 여동생은 작년에 영국으로 유학 갔다.

第四部分：简短回答

1
질문 要是搬家的话, 你想搬到哪儿?

예시답안
要是搬家的话,
yào shì bān jiā de huà,

我最想搬到离市中心不远,
wǒ zuì xiǎng bān dào lí shì zhōng xīn bù yuǎn,

但是可以亲近大自然的地方。
dàn shì kě yǐ qīn jìn dà zì rán de dì fang.

最近很多人都很向往
zuì jìn hěn duō rén dōu hěn xiàng wǎng

田园生活, 但也不能抛弃工作。
tián yuán shēng huó, dàn yě bù néng pāo qì gōng zuò.

所以我想如果住在离市中心
suǒ yǐ wǒ xiǎng rú guǒ zhù zài lí shì zhōng xīn

近一点儿的郊区的话,
jìn yì diǎnr de jiāo qū de huà,

既可以享受田园生活
jì kě yǐ xiǎng shòu tián yuán shēng huó

平时也可以上班工作。
píng shí yě kě yǐ shàng bān gōng zuò.

所以郊区就是正合适的好地方。
suǒ yǐ jiāo qū jiù shì zhèng hé shì de hǎo dì fang.

한글해석
질문: 당신이 이사를 간다면 어디로 가고 싶나요?
예시답안: 만약에 이사를 간다면 저는 시내에서 멀지 않지만 자연과 가까운 곳으로 이사를 가고 싶습니다. 최근 많은 사람들이 전원생활을 꿈꾸지만 일을 버릴 수도 없습니다. 그래서 만약에 시내와 가까운 교외로 이사를 간다면 전원생활을 즐기면서 평소에는 출근해서 일도 할 수 있다고 생각합니다. 그러므로 교외가 가장 적합한 곳입니다.

단어
- 搬家 [bānjiā] 동 이사하다
- 离 [lí] 개 ~로부터
- 亲近 [qīnjìn] 동 가까이 하다
- 向往 [xiàngwǎng] 동 갈망하다
- 抛弃 [pāoqì] 동 버리다

Tip 전치사 '离'는 '~로 부터'라는 의미로 두 지점 사이의 간격을 나타낸다.
예) 我家离机场有点儿远。 우리 집은 공항에서 조금 멀다.

公司离地铁站很近, 走路10分钟就到。
회사는 지하철역에서 가깝다. 걸어서 10분이면 도착한다.

2
질문 介绍一下学生时代印象最深刻的朋友。

예시답안
印象最深刻的朋友是我的一个
yìn xiàng zuì shēn kè de péng you shì wǒ de yí ge

小学同班同学, 叫金美智。
xiǎo xué tóng bān tóng xué, jiào jīn měi zhì.

我们从小学到高中都在
wǒ men cóng xiǎo xué dào gāo zhōng dōu zài

同一所学校。
tóng yì suǒ xué xiào.

上高中的时候虽然我们不是
shàng gāo zhōng de shí hou suī rán wǒ men bú shì

同班, 但是一直都是最好朋友。
tóng bān, dàn shì yì zhí dōu shì zuì hǎo péng you.

除了一起上下学以外,
chú le yì qǐ shàng xià xué yǐ wài,

每个周末还在一起学习, 玩儿。
měi ge zhōu mò hái zài yì qǐ xué xí, wánr.

有时候因为小小的事情红过脸,
yǒu shí hou yīn wèi xiǎo xiǎo de shì qing hóng guo liǎn,

吵过架, 不过就像亲姐妹一样
chǎo guo jià, bú guò jiù xiàng qīn jiě mèi yí yàng

很快就和好了。现在我们都结婚了。
hěn kuài jiù hé hǎo le. xiàn zài wǒ men dōu jié hūn le.

虽然现在住得很远,
suī rán xiàn zài zhù de hěn yuǎn,

但是常常联系聊天。
dàn shì cháng cháng lián xì liáo tiān.

한글해석
질문: 학창시절 인상 깊은 친구에 대해 소개해 보세요.
예시답안: 가장 인상 깊은 친구는 나의 초등학교 같은 반 친구 김미지입니다. 우리는 초등학교부터 고등학교까지 같은 학교에 다녔습니다. 고등학교 때는 비록 같은 반은 아니었지만 우리는 줄곧 가장 좋은 친구였습니다. 함께 등하교를 하는 것 이외에 주말마다 함께 공부하고 놀았습니다. 어떤 때는 작은 일로 얼굴을 붉히고 말다툼도 했지만 친자매처럼 금새 화해하였습니다. 지금은 우리 모두 결혼해서 멀리 살지만 여전히 자주 연락하며 지냅니다.

단어
- 印象 [yìnxiàng] 명 인상
- 深刻 [shēnkè] 형 깊다
- 红脸 [hóngliǎn] 동 얼굴을 붉히다
- 吵架 [chǎojià] 동 말다툼하다
- 和好 [héhǎo] 동 화해하다

Tip '除了~以外, 还~'는 '~을 제외하고 ~도'라는 뜻이다.
예) 除了做饭以外, 我还得洗碗, 打扫。
    밥하는 것 이외에 나는 또 설거지와 청소를 해야 한다.
    除了书以外, 我还要买一个笔记本和两支笔。
    책 이외에 나는 또 공책 한 권과 펜 두 자루를 사야 한다.

실전 모의고사 답안

3 질문 你同意"压力是一种动力"这句话吗?

예시답안
我同意这句话。工作很忙或者
wǒ tóng yì zhè jù huà. gōng zuò hěn máng huò zhě
准备考试的时候
zhǔn bèi kǎo shì de shí hou
我们都会感到压力。
wǒ men dōu huì gǎn dào yā lì.
很多人都说压力对人的
hěn duō rén dōu shuō yā lì duì rén de
身体健康产生不好的影响。
shēn tǐ jiàn kāng chǎn shēng bù hǎo de yǐng xiǎng.
不过我觉得适当的压力反而会
bú guò wǒ jué de shì dāng de yā lì fǎn ér huì
有助于我们的工作和学习。
yǒu zhù yú wǒ men de gōng zuò hé xué xí.
比如说,如果你明天要交报告,
bǐ rú shuō, rú guǒ nǐ míng tiān yào jiāo bào gào,
那么今天晚上你肯定会加班
nà me jīn tiān wǎn shang nǐ kěn dìng huì jiā bān
写完报告。
xiě wán bào gào.
这样,压力也算是一种动力,
zhè yàng, yā lì yě suàn shì yì zhǒng dòng lì,
让我们集中精神做好工作。
ràng wǒ men jí zhōng jīng shén zuò hǎo gōng zuò.

한글해석
질문: "压力是一种动力"라는 말에 동의합니까?
예시답안: 저는 이 말에 동의합니다. 일이 바쁘거나 시험을 준비할 때 우리는 스트레스를 느낍니다. 많은 사람들은 스트레스가 신체 건강에 나쁜 영향을 준다고 말합니다. 하지만 저는 적당한 스트레스는 오히려 우리가 일이나 공부를 더 잘 할 수 있게 도와준다고 생각합니다. 예를 들면, 만약에 당신이 내일 보고서를 제출해야 한다면 당신은 오늘 저녁 분명히 야근을 해서 보고서를 다 작성할 것입니다. 이처럼 스트레스는 일종의 동력으로 우리가 정신을 집중해서 일할 수 있게 합니다.

단어
• 产生 [chǎnshēng] 동 생기다
• 影响 [yǐngxiǎng] 명 영향
• 适当 [shìdāng] 형 적당하다
• 集中 [jízhōng] 동 집중하다
• 精神 [jīngshén] 명 정신

Tip '让'은 '~하게 시키다'는 뜻의 사역동사로 '使', '叫'로 바꾸어 쓸 수 있다. 또, 부정 형태의 '不让'은 '시키지 않다'가 아니라 '허가하지 않다, 허용하지 않다'는 뜻임을 알아두자.
예 老师让我去北京留学。
선생님은 나에게 북경으로 유학을 가라고 했다.
妈妈不让我看电视。
엄마는 내가 텔레비전을 보는 것을 허락하지 않는다.

4 질문 你喜欢什么颜色? 为什么?

예시답안
通过看一个人喜欢什么颜色
tōng guò kàn yí gerén xǐ huan shén me yán sè
我们可以预测到他的性格。
wǒ men kě yǐ yù cè dào tā de xìng gé.
听说喜欢红色的人不仅坚强、
tīng shuō xǐ huan hóng sè de rén bù jǐn jiān qiáng、
热情而且感情丰富, 性格很外向。
rè qíng ér qiě gǎn qíng fēng fù, xìng gé hěn wài xiàng.
喜欢绿色的人善于交际, 有好奇心,
xǐ huan lǜ sè de rén shàn yú jiāo jì, yǒu hào qí xīn,
有勇气, 性格内向。
yǒu yǒng qì, xìng gé nèi xiàng.
喜欢黄色的人性格外向,
xǐ huan huáng sè de rén xìng gé wài xiàng,
是可以信赖的人。
shì kě yǐ xìn lài de rén.
我觉得这个色彩心理学很神奇。
wǒ jué de zhè gesè cǎi xīn lǐ xué hěn shén qí.
我喜欢红色。
wǒ xǐ huan hóng sè.
因为我想做一个很坚强、热情的人。
yīn wèi wǒ xiǎng zuò yí gehěn jiān qiáng、rè qíng de rén.

한글해석
질문: 당신은 어떤 색깔을 좋아합니까? 왜 그렇습니까?
예시답안: 한 사람이 어떤 색깔을 좋아하는지를 통해 그 사람의 성격을 예측할 수 있습니다. 듣자 하니, 빨간색을 좋아하는 사람은 강인하고 열정적일 뿐만 아니라 감정도 풍부하고 외향적이라고 합니다. 초록색을 좋아하는 사람은 사교성이 좋고 용기가 있고 내성적인 성격이라고 합니다. 노란색을 좋아하는 사람은 외향적이고 신뢰할 수 있는 사람이라고 합니다. 저는 빨간색을 좋아합니다. 왜냐하면 저는 강인하고 열정적인 사람이 되고 싶기 때문입니다.

단어
• 通过 [tōngguò] 동 ~을 통하여
• 预测 [yùcè] 동 예측하다
• 坚强 [jiānqiáng] 형 강인하다
• 交际 [jiāoji] 명 교제
• 好奇心 [hàoqíxīn] 명 호기심

Tip '善于'는 '~을 잘하다, 능숙하다'는 뜻이다.
예 他善于交际, 所以朋友很多。
그는 교제에 능숙해서 친구가 많다.
老师要善于理解学生心理。
선생님은 학생의 심리를 잘 이해해야 한다.

5 질문 你如何改掉了你的坏习惯?

예시답안
我有一个不好的习惯。
wǒ yǒu yí ge bù hǎo de xí guàn.
就是我喝什么都剩下一口不喝。
jiù shì wǒ hē shén me dōu shèng xià yì kǒu bù hē.

我妈妈常常说"不要剩下,
wǒ mā ma cháng cháng shuō "bú yào shèng xià,
一定要喝完。"
yí dìng yào hē wán."
不过每次都不知不觉剩下一口。
bú guò měi cì dōu bù zhī bù jué shèng xià yì kǒu.
后来我觉得要改掉这个坏习惯。
hòu lái wǒ jué de gǎi diào zhè ge huài xí guàn.
所以我就去买了一个小杯子。
suǒ yǐ wǒ jiù qù mǎi le yí ge xiǎo bēi zi.
然后喝饮料的时候只倒一半,
rán hòu hē yǐn liào de shí hou zhǐ dǎo yí bàn,
喝完再倒。
hē wán zài dào.
这样慢慢儿就改掉了我的坏习惯。
zhè yàng màn mānr jiù gǎi diào le wǒ de huài xí guan.

한글 해석
질문: 당신은 어떻게 나쁜 습관을 고쳤습니까?
예시답안: 저는 나쁜 습관이 하나 있습니다. 바로 무엇을 마시든 한 모금을 남기는 습관입니다. 엄마는 항상 "남기지 말고 다 마시렴."하고 말씀하시지만 저는 매번 나도 모르게 한 모금씩 남기곤 합니다. 후에 저는 이 나쁜 습관을 고쳐야겠다고 느끼고 작은 컵을 하나 샀습니다. 그런 후 음료를 마실 때 절반을 따르고 다 마신 후 다시 따르곤 했습니다. 이렇게 저는 조금씩 나쁜 습관을 고칠 수 있었습니다.

단어
· 如何 [rúhé] 대 어떻게
· 剩下 [shèngxià] 동 남기다
· 不知不觉 [bùzhībùjué] 자기도 모르게
· 倒 [dào] 형 반대가 되다
· 慢慢儿 [mànmānr] 형 천천히

Tip '동사1+完再+동사2'는 '~하고 나서 ~하다'는 뜻으로 한 동작이 완료된 후 다른 동작이 발생함을 나타낸다.
예 我要看完这本书再买别的。
　　나는 이 책을 다 보고 나서 다른 것을 살 거야.
　　时间还早呢,吃完饭再走吧。
　　시간이 아직 이른데 밥 먹고 나서 가거라.

第五部分: 拓展回答

1 질문 **你觉得家里有电视好还是没有电视好?**

예시답안 我觉得家里有电视好。
wǒ jué de jiā lǐ yǒu diàn shì hǎo.
很多人都说家里有电视
hěn duō rén dōu shuō jiā lǐ yǒu diàn shì
就没有时间和家人交流。
jiù méi yǒu shí jiān hé jiā rén jiāo liú.
不过我觉得不一定是这样。
bú guò wǒ jué de bù yí dìng shì zhè yàng.
拿我家来说,下班后回家一起吃饭。
ná wǒ jiā lái shuō, xià bān hòu huí jiā yì qǐ chī fàn.
吃完饭后家人都聚在一起
chī wán fàn hòu jiā rén dōu jù zài yì qǐ
一边吃水果一边看电视。
yì biān chī shuǐ guǒ yì biān kàn diàn shì.
有时候看新闻有时候看电视剧。
yǒu shí hou kàn xīn wén yǒu shí hou kàn diàn shì jù.
看电视的时候还会聊天。
kàn diàn shì de shí hou hái huì liáo tiān.
所以我觉得有电视不一定会
suǒ yǐ wǒ jué de yǒu diàn shì bù yí dìng huì
减少家人聊天的时间,
jiǎn shǎo jiā rén liáo tiān de shí jiān,
反而会让家庭变得更和睦。
fǎn ér huì ràng jiā tíng biàn de gèng hé mù.

한글 해석
질문: 당신은 집에 텔레비전이 있는 것이 좋다고 생각합니까, 아니면 없는 것이 좋다고 생각합니까?
예시답안: 저는 집에 텔레비전이 있는 것이 좋다고 생각합니다. 많은 사람들은 집에 텔레비전이 있으면 가족들과 교류하는 시간이 없다고 말합니다. 그러나 저는 이렇게 생각하지 않습니다. 우리 집을 예로 들어 보면 퇴근 후에 집에 가서 식사를 합니다. 식사를 마친 후 가족들이 모여 앉아 함께 과일을 먹으며 텔레비전을 봅니다. 어떤 때는 뉴스를 보고 어떤 때는 드라마를 봅니다. 텔레비전을 보면서 이야기도 나눕니다. 그래서 제 생각에는 텔레비전이 있다고 반드시 가족과의 대화시간이 줄어드는 것이 아니라 오히려 더 화목해지는 것 같습니다.

단어
· 交流 [jiāoliú] 동 교류하다
· 聚 [jù] 동 모이다
· 新闻 [xīnwén] 뉴스
· 电视剧 [diànshìjù] 드라마
· 减少 [jiǎnshǎo] 동 감소하다
· 和睦 [hémù] 형 화목하다

Tip '有时候~有时候'은 '어떤 때는 ~하고 어떤 때는 ~하다'는 표현으로 '有时候'은 '有时'나 '有的时候'로 쓸 수 있다.
예 我下班后有时候回家吃饭,有时候和同事在外边吃饭。
　　퇴근 후 나는 어떤 때는 집에 가서 밥을 먹고 어떤 때는 동료와 함께 밖에서 밥을 먹는다.
　　周末有时去爬山,有时去电影院看电影。
　　주말에 어떤 때는 등산을 가고 어떤 때는 영화관에 영화를 보러 간다.

2 질문 **最近使用网络的人年龄越来越小, 你对这种现象有什么样的看法?**

예시답안 网络的发展给人们带来了
wǎng luò de fā zhǎn gěi rén men dài lái le
很大的方便。
hěn dà de fāng biàn.
它是又有用又方便的一种工具。
tā shì yòu yǒu yòng yòu fāng biàn de yì zhǒng gōng jù.

실전 모의고사 답안

可以说, 现代人已经离不开网络了。
kě yǐ shuō, xiàn dài rén yǐ jīng lí bù kāi wǎng luò le.
不过现在使用网络的人年龄
bú guò xiàn zài shǐ yòng wǎng luò de rén nián líng
越来越小, 因此他们受到的
yuè lái yuè xiǎo, yīn cǐ tā men shòu dào de
影响就会越来越大。
yǐng xiǎng jiù huì yuè lái yuè dà.
现在很多孩子都沉迷于网上娱乐
xiàn zài hěn duō hái zi dōu chén mí yú wǎng shàng yú lè
不学习, 还经常接触不良信息。
bù xué xí, hái jīng cháng jiē chù bù liáng xìn xī.
所以家长和老师要时时刻刻
suǒ yǐ jiā zhǎng hé lǎo shī yào shí shí kè kè
引导好孩子, 教他们怎样才能
yǐn dǎo hǎo hái zi, jiāo tā men zěn yàng cái néng
正确地使用网络。
zhèng què de shǐ yòng wǎng luò.

한글해석
질문: 최근 인터넷을 이용하는 사람들의 나이가 점점 어려지고 있습니다. 이런 현상에 대해 당신은 어떻게 생각합니까?
예시답안: 인터넷의 발전은 사람들에게 많은 편리함을 가져왔습니다. 인터넷은 유용하고 편리한 일종의 도구입니다. 현대인들이 인터넷을 떠나서는 살 수 없다는 말입니다. 하지만 현재 인터넷을 사용하는 나이가 점점 어려지고 있기 때문에 그들이 받는 영향은 점점 커지고 있습니다. 현재 많은 아이들이 인터넷 오락에 빠져 공부를 하지 않고 또 자주 나쁜 정보에 노출됩니다. 그래서 학부모와 선생님은 아이들을 잘 인도하고 인터넷을 올바르게 이용하는 방법을 가르쳐 주어야 합니다.

단어
· 工具 [gōngjù] 명 도구
· 沉迷 [chénmí] 동 ~에 빠지다
· 接触 [jiēchù] 동 접촉하다
· 引导 [yǐndǎo] 동 인도하다
· 正确 [zhèngquè] 형 올바르다

Tip '离不开'는 '~을 떠날 수 없다'는 뜻으로 가능보어의 형태이다. 긍정형은 '离得开'로 '떠날 수 있다'는 뜻이다.
예 孩子离不开自己的父母。
아이는 자기의 부모님과 떨어질 수 없다.
鱼离不开水。 물고기는 물을 떠나 살 수 없다.

3
질문: 你觉得上大学真正的目的是什么?
예시답안: 读大学肯定和初中、高中不一样。
dú dà xué kěn dìng hé chū zhōng、gāo zhōng bù yí yàng.
大学是从学校走向社会的
dà xué shì cóng xué xiào zǒu xiàng shè huì de
一个跳板。上初中、高中的时候
yí ge tiào bǎn. shàng chū zhōng、gāo zhōng de shí hou
我们的目标只有一个, 上大学。
wǒ men de mù biāo zhǐ yǒu yí ge, shàng dà xué.
但是读大学的时候我们要为了
dàn shì dú dà xué de shí hou wǒ men yào wèi le
适应社会和找工作而努力。
shì yīng shè huì hé zhǎo gōng zuò ér nǔ lì.
通过学习专业知识来提高能力,
tōng guò xué xí zhuān yè zhī shi lái tí gāo néng lì,
要看各种各样的书,
yào kàn gè zhǒng gè yàng de shū,
学好英语和汉语。
xué hǎo yīng yǔ hé hàn yǔ.
这样, 上大学的真正的目的是
zhè yàng, shàng dà xué de zhēn zhèng de mù dì shì
准备进入社会, 找一个好工作。
zhǔn bèi jìn rù shè huì, zhǎo yí ge hǎo gōng zuò.

한글해석
질문: 당신은 대학에 다니는 진정한 목표가 무엇이라고 생각합니까?
예시답안: 대학에 다니는 것은 분명히 중학교, 고등학교에 다니는 것과는 다릅니다. 대학은 학교에서 사회로 나가는 발판입니다. 중고등학교 때에 우리의 목표는 단 하나, 대학에 가는 것이었습니다. 하지만 대학에서 우리는 사회에 적응하고 직업을 찾기 위해 노력합니다. 전문지식을 공부하여 능력을 향상시키고 다양한 책을 보고 영어와 중국어를 공부해야 합니다. 이처럼 대학을 다니는 진정한 목표는 사회 진출과 직업을 찾기 위해 준비하는 것입니다.

단어
· 走向 [zǒuxiàng] 동 나아가다
· 跳板 [tiàobǎn] 명 발판
· 目标 [mùbiāo] 명 목표
· 适应 [shìyīng] 동 적응하다
· 各种各样 [gèzhǒnggèyàng] 성 각양각색

Tip '从~走向~'은 '~에서 ~로 가다'는 뜻으로 '走向' 뒤에는 보통 추상명사가 나온다. 또 '为了~而~'는 '~를 위해 ~하다'는 표현이므로 함께 알아두도록 하자.
예 我们的新产品走向了世界。
우리의 신상품이 세계로 진출했다.
为了考上大学而加倍努力。
대학에 합격하기 위해 갑절로 노력한다.

4
질문: 你觉得早婚好还是晚婚好? 为什么?
예시답안: 我觉得既然有要结婚的人,
wǒ jué de jì rán yǒu yào jié hūn de rén,
那就早点儿结婚比较好。
nà jiù zǎo diǎnr jié hūn bǐ jiào hǎo.
因为我觉得谈恋爱谈得久
yīn wèi wǒ jué de tán liàn ài tán de jiǔ
就很容易分手。
jiù hěn róng yì fēn shǒu.
而且谈恋爱的时候花很多钱。
ér qiě tán liàn ài de shí hou huā hěn duō qián.

如果早点儿结婚有利于节约金钱。
rú guǒ zǎo diǎnr jié hūn yǒu lì yú jié yuē jīn qián.

而且有了一生的伴侣心里就很踏实。
ér qiě yǒu le yì shēng de bàn lǚ xīn lǐ jiù hěn tà shi.

这样会过着安定的生活。
zhè yàng huì guò zhe ān dìng de shēng huó.

한글 해석 질문: 당신은 일찍 결혼하는 것과 늦게 결혼하는 것 중 어떤 것이 좋다고 생각합니까?

예시답안: 결혼할 사람이 있다면 일찍 결혼하는 것이 비교적 좋다고 생각합니다. 왜냐하면 연애가 길면 헤어지기가 쉽기 때문입니다. 또 연애할 때는 많은 돈을 씁니다. 만약에 일찍 결혼을 한다면 돈을 모으는데 유리할 뿐 아니라 인생의 반려자가 생겨 마음이 편안해집니다. 이렇게 되면 안정된 생활을 할 수 있습니다.

단어
- 谈恋爱 [tánliàn'ài] 동 연애하다
- 节约 [jiéyuē] 동 절약하다
- 伴侣 [bànlǚ] 명 동반자
- 踏实 [tàshi] 형 마음이 놓이다
- 安定 [āndìng] 형 안정하다

Tip '既然'은 '기왕 ~한 이상'이라는 뜻의 접속사로 뒷문장의 '就'와 호응한다.
예) 既然大家都同意了, 我们就这么决定吧。
모두 동의한 이상 우리 이렇게 결정합시다.
既然开始了, 那就好好儿做完吧。
기왕 시작했으니 잘 마무리하세요.

第六部分: 情景应对

1 질문: 你在路上遇见了你的小学同学, 可是她认不出你来了。你向她确认一下你是她的朋友。

예시답안:
你不是小李吗? 我是王明。
nǐ bú shì xiǎo lǐ ma? wǒ shì wáng míng.

你不记得我了? 我们上小学三年级的
nǐ bú jì de wǒ le? wǒ men shàng xiǎo xué sān nián jí de

时候是一个班的。
shí hou shì yí ge bān de.

当时我很胖, 戴了个眼镜
dāng shí wǒ hěn pàng, dài le ge yǎn jìng

所以同学们都叫我 "小胖子"。
suǒ yǐ tóng xué men dōu jiào wǒ "xiǎo pàng zi".

个子也很矮, 所以每次都坐在最前边。
gèzi yě hěn ǎi, suǒ yǐ měi cì dōu zuò zài zuì qián biān.

对了, 有一天上体育课的时候
duì le, yǒu yì tiān shàng tǐ yù kè de shí hou

我一不小心摔倒了。
wǒ yí bù xiǎo xīn shuāi dǎo le.

当时你扶我去的保健室。想起来了吧?
dāng shí nǐ fú wǒ qù de bǎo jiàn shì. xiǎng qǐ lái le ba?

한글해석 질문: 당신은 길에서 초등학교 동창을 만났는데 그녀가 당신을 알아보지 못합니다. 그녀에게 당신이 친구라는 것을 확인시켜 주세요.

예시답안: 너 샤오리 아니니? 나 왕밍이야. 나 기억 못해? 우리 초등학교 3학년 때 같은 반이었잖아. 그 때 나는 뚱뚱하고 안경을 썼는데 그래서 친구들이 나에게 "뚱뚱이"라고 불렀잖니. 키도 작아서 맨 앞에 앉았었어. 아, 맞다. 어느 날 체육시간에 내가 넘어졌을 때 네가 나를 부축해서 양호실에 데려다 줬잖아, 기억나니?

단어
- 记得 [jìde] 동 기억하다
- 年级 [niánjí] 명 학년
- 戴 [dài] 동 착용하다
- 矮 [ǎi] 형 키가 작다
- 保健室 [bǎojiànshì] 명 양호실

Tip '叫'는 '~라고 부르다'는 뜻으로 이중목적어를 갖는다. 이외에도 이중목적어를 갖는 동사로는 '给', '借', '送', '找', '告诉' 등이 있다.
예) 我们叫他八先生。우리는 그를 팔선생이라고 부른다.
请您告诉我您的名字。제게 당신의 이름을 알려 주세요.

2 질문: 放暑假了。可是你的妹妹整天在家看电视。请你劝劝她。

예시답안:
你怎么一天到晚都看电视啊?
nǐ zěn me yì tiān dào wǎn dōu kàn diàn shì a?

这样不仅对眼睛不好,
zhè yàng bù jǐn duì yǎn jing bù hǎo,

而且还浪费你宝贵的时间。
ér qiě hái làng fèi nǐ bǎo guì de shí jiān.

你可以利用假期做很多有益的事情。
nǐ kě yǐ lì yòng jià qī zuò hěn duō yǒu yì de shì qing.

比如说, 你可以看看书, 出去散散步
bǐ rú shuō, nǐ kě yǐ kàn kan shū, chū qù sàn san bù

还可以复习复习成绩差的科目。
hái kě yǐ fù xí fù xí chéng jì chà de kē mù.

我建议你先制定一个生活计划表。
wǒ jiàn yì nǐ xiān zhì dìng yí ge shēng huó jì huà biǎo.

然后每天按照这个计划表去
rán hòu měi tiān àn zhào zhè ge jì huà biǎo qù

做的话这次暑假一定会过得很有意义。
zuò de huà zhè cì shǔ jiǎ guò de yí dìng hěn yǒu yì yì.

한글해석 질문: 여름방학이 되었는데 당신의 여동생이 집에서 텔레비전만 봅니다. 여동생에게 충고해 보세요.

예시답안: 너 왜 하루 종일 텔레비전만 보니? 이렇게 하면 눈에 좋지 않을 뿐 아니라 너의 소중한 시간을 낭비하는 거야. 너는 이 방학을 이용해서 유익한 일들을 많이 할 수 있어. 예를 들면 책을 보거나 나가서 산책도 하고 평소 성적이 좋지 않던 과목을 복습할 수도 있지. 먼저 생활계획표를 만들어 봐. 매일 이 계획표 대로 한다면 분명 이번 방학을 의미있게 보낼 수 있을 거야.

실전 모의고사 답안

단어
- 浪费 [làngfèi] 동 낭비하다
- 宝贵 [bǎoguì] 형 고귀하다
- 利用 [lìyòng] 동 이용하다
- 有益 [yǒuyì] 형 유익하다
- 按照 [ànzhào] 개 ~에 따라

Tip 동사를 중첩하면 '한 번 ~해보다' 또는 '좀 ~하다'는 의미가 생긴다. 1음절 동사는 'AA' 2음절 동사는 'ABAB'로 나타내고 이합동사는 'AAB'로 표현하는 것에 유의하자.
예) 我跟朋友在家聊聊天, 看看电影什么的。
나는 친구와 집에서 이야기도 하고 영화도 보았다.
您尝尝, 我做的鸡蛋炒饭怎么样?
한 번 맛 좀 봐봐. 내가 만든 계란 볶음밥 어때?

3
질문: 你因为最近身体不好所以不能喝酒。可是你同事向你劝酒。请你拒绝你的同事。

예시답안:
小明, 真不好意思。
xiǎo míng, zhēn bù hǎo yì si.
因为我最近身体不好
yīn wèi wǒ zuì jìn shēn tǐ bù hǎo
所以一直都在喝中药呢。
suǒ yǐ yì zhí dōu zài hē zhōng yào ne.
医生说, 喝中药的期间不能喝酒,
yī shēng shuō, hē zhōng yào de qī jiān bù néng hē jiǔ,
肉类也不能吃得太多。
ròu lèi yě bù néng chī de tài duō.
不过我敬你一杯, 我以水代酒
bú guò wǒ jìng nǐ yì bēi, wǒ yǐ shuǐ dài jiǔ
跟你喝一杯, 好吗?
gēn nǐ hē yì bēi, hǎo ma?
等我身体好了一定好好儿
děng wǒ shēn tǐ hǎo le yí dìng hǎo hāor
请喝你一杯。
qǐng nǐ hē yì bēi.

한글해석
질문: 당신이 요즘 몸이 안 좋아서 술을 마실 수 없습니다. 그런데 당신의 동료가 술을 강권합니다. 거절해 보세요.
예시답안: 샤오밍, 미안해. 내가 요즘 몸이 안 좋아서 한약을 먹는데 의사 선생님이 술 마시지 말고 육류도 많이 먹지 말래. 하지만 내가 한잔 따라 줄게. 나는 술 대신 물로 한 잔 할게, 괜찮지? 내가 다 나으면 너에게 거하게 한잔 살게.

단어
- 中药 [zhōngyào] 명 한약
- 期间 [qījiān] 명 기간
- 肉类 [ròulèi] 명 육류
- 敬 [jìng] 동 (술·음식·담배·차) 공손하게 올리다
- 好好儿 [hǎohāor] 형 좋다

Tip '请客'은 '한턱 내다'는 이합동사이다. 그러므로 '~에게 ~을 대접하다'라는 표현은 '请+사람'으로 나타내야 한다.
예) 下次我请你吃饭。
다음 번에 내가 당신에게 밥 살게요.

他请我们看电影? 真的吗?
그가 우리에게 영화를 보여 준다고? 정말이야?

第七部分：看图说话

예시답안
一天早上小明准备去学校。
yì tiān zǎo shang xiǎo míng zhǔn bèi qù xué xiào.
他跟妈妈打招呼后就出门了。
tā gēn mā ma dǎ zhāo hu hòu jiù chū mén le.
不过小明把便当忘在了家里。
bú guò xiǎo míng bǎ biàn dāng wàng zài le jiā lǐ.
到学校后就开始上课了。
dào xué xiào hòu jiù kāi shǐ shàng kè le.
上课的时候小明跟同桌
shàng kè de shí hou xiǎo míng gēn tóng zhuō
又闹又聊, 最后他们被老师罚站了。
yòu nào yòu liáo, zuì hòu tā men bèi lǎo shī fá zhàn le.
就在这时小明的妈妈把便当送来了。
jiù zài zhè shí xiǎo míng de mā ma bǎ biàn dāng sòng lái le.
妈妈看到小明受罚的样子后
mā ma kàn dào xiǎo míng shòu fá de yàng zi hòu
生气地回家了。
shēng qì de huí jiā le.
小明下课回家后又被妈妈批评了。
xiǎo míng xià kè huí jiā hòu yòu bèi mā ma pī píng le.

한글해석 예시답안: 어느날 아침 샤오밍이 학교에 가려고 준비를 하고 있었다. 그는 어머니께 인사를 하고 집을 나섰다. 하지만 샤오밍은 도시락을 깜박하고 집에 두고 왔다. 학교에 도착해서 수업이 시작되었다. 수업시간에 샤오밍은 짝꿍과 장난치고 떠들어 결국에는 선생님께 벌을 받게 되었다. 바로 이 때 샤오밍의 어머니가 도시락을 가져왔고 샤오밍이 벌받는 모습을 보고 화가 나서 돌아갔다. 수업이 끝나고 집에 돌아온 샤오밍은 어머니께 또 혼이 나고 말았다.

단어
- 打招呼 [dǎzhāohu] 동 인사를 하다
- 便当 [biàndāng] 명 도시락
- 闹 [nào] 형 소란을 피다
- 罚站 [fázhàn] 동 벌을 세우다
- 批评 [pīpíng] 동 꾸짖다

Tip '把'는 목적어를 동사 앞으로 도치시키는 전치사로 이러한 문장을 '把자문'이라고 한다.
예) 我想把这本书还给你。
나는 이 책을 너에게 돌려주고 싶어.
我没把手机放在书包里。
나는 핸드폰을 가방에 넣지 않았어.

실전 모의고사 4

第二部分: 看图回答

1 질문: 他们是什么时候结婚的?
예시답안: 他们是2014年4月5号结婚的。
tā men shì èr líng yī sì nián sì yuè wǔ hào jié hūn de.

한글해석 질문: 그들은 언제 결혼을 했나요?
예시답안: 그들은 2012년 4월 5일에 결혼했어요.

단어
- 什么时候 [shénmeshíhou] 명 언제
- 结婚 [jiéhūn] 동 결혼하다
- 年 [nián] 명 년
- 月 [yuè] 명 월
- 是~的 [shì~de] 강조구문

Tip '是~的' 강조구문은 어떤 동작이 이미 과거에 실현되었거나 완성되었음을 강조하거나 동작의 시간, 장소, 행위, 목적 등을 강조한다.
예) 小李是一年前来中国留学的。
샤오리는 일 년 전에 중국에 유학을 왔다.
我是坐火车来的。
나는 기차를 타고 왔다.

2 질문: 外边下雨吗?
예시답안: 不, 外边不下雨。天气非常好。
bù, wài biān bú xià yǔ. tiān qì fēi cháng hǎo.

한글해석 질문: 밖에 비가 내리나요?
예시답안: 아니요, 밖에 비가 내리지 않아요. 날씨가 매우 좋아요.

단어
- 外边 [wàibiān] 명 밖
- 下雨 [xiàyǔ] 동 비가 내리다
- 天气 [tiānqì] 명 날씨
- 非常 [fēicháng] 부 매우
- 好 [hǎo] 형 좋다

Tip 이러한 유형의 문제는 먼저 질문에 대해 맞는지 틀린지를 판단하는 문제이기 때문에 긍정의 경우에는 '是'로, 부정의 경우에는 '不是'로 대답을 해야 한다.
예) 他们在办公室吗?
그들은 사무실에 있나요?
不, 他们不在办公室。他们在饭店里吃饭。
아니요, 그들은 사무실에 있지 않아요. 그들은 식당에서 밥을 먹습니다.
今天比昨天热吗?
오늘은 어제보다 덥나요?
是, 今天比昨天热多了。
네, 오늘은 어제보다 훨씬 덥습니다.

3 질문: 这家商店的衣服现在打几折?
예시답안: 这家商店的衣服现在打8折。
zhè jiā shāng diàn de yī fu xiàn zài dǎ bā zhé.

한글해석 질문: 이 상점의 옷은 지금 얼마나 할인하나요?
예시답안: 이 상점의 옷은 20% 할인합니다.

단어
- 家 [jiā] 양 상점을 세는 양사
- 商店 [shāngdiàn] 명 상점
- 衣服 [yīfu] 명 옷
- 几 [jǐ] 수 몇, 얼마
- 打折 [dǎzhé] 동 할인하다

Tip '打折'는 '할인하다'라는 뜻의 이합동사이다. '20% 할인'은 '打8折', '80% 할인'은 '打2折'라고 하고 '50% 할인'은 '打5折' 혹은 '打对折'라고 한다.
예) 这家商店打7折呢。
이 상점은 30% 세일해요.
这已经是打完折的价钱了, 不能再便宜了。
이것은 이미 할인이 된 가격이에요, 더 이상 싸게 안됩니다.

4 질문: 公司离银行有多远?
예시답안: 公司离银行大概有200米。比较近。
gōng sī lí yín háng dà gài yǒu liǎng bǎi mǐ. bǐ jiào jìn.

한글해석 질문: 회사는 은행에서 얼마나 멉니까?
예시답안: 회사는 은행에서 대략 200미터 정도 됩니다. 비교적 가까워요.

단어
- 公司 [gōngsī] 명 회사
- 离 [lí] 개 ~로부터
- 银行 [yínháng] 명 은행
- 大概 [dàgài] 부 대략
- 比较 [bǐjiào] 부 비교적

Tip '多'는 품사에 따라 여러 가지 뜻이 있다. '多+형용사'는 '얼마나'의 부사로 정도를 묻는 의문문을 만든다.
예) 这个行李多重? 이 짐은 얼마나 무겁나요?
你个子有多高? 당신은 키가 얼마나 큰가요?

第三部分: 快速回答

1 질문: 你昨天晚上给我打电话了吗?
예시답안: 是啊, 你怎么没接电话呢?
shì a, nǐ zěn me méi jiē diàn huà ne?
昨天王经理有急事找你了。
zuó tiān wáng jīng lǐ yǒu jí shì zhǎo nǐ le.

한글해석 질문: 당신 어제 저녁 저에게 전화했나요?
예시답안: 네, 당신 어제 왜 전화를 받지 않았나요? 왕 사장님이 급한 일이 있어서 당신을 찾았어요.

실전 모의고사 답안

단어
- 打电话 [dǎdiànhuà] 동 전화하다
- 怎么 [zěnme] 대 어떻게, 왜
- 接 [jiē] 동 (전화를) 받다
- 急事 [jíshì] 급한일
- 找 [zhǎo] 동 찾다

Tip '怎么不/没+동사+呢?'는 '어떻게 ~하지 않니/않았니?'라는 뜻의 반어문 표현으로 긍정의 뜻을 강조한다.
  예 我怎么不认识他呢。
  내가 어떻게 그를 모르지?
  你怎么没告诉我这件事呢?
  너 왜 나에게 이 일을 말하지 않았니?

2 질문 这次假期, 我们陪父母去哪儿旅游好呢?

예시답안 父母身体比较虚弱,
fù mǔ shēn tǐ bǐ jiào xū ruò,

所以不能坐很长时间的飞机。
suǒ yǐ bù néng zuò hěn cháng shí jiān de fēi jī.

我们去济州岛吧, 那儿又近又漂亮。
wǒ men qù jì zhōu dǎo ba, nàr yòu jìn yòu piào liang.

한글해석 질문: 이번 휴가 때 우리 부모님 모시고 어디로 여행가면 좋을까?
예시답안: 부모님이 몸이 약하셔서 비행기를 오래 못 타세요. 우리 제주도 가요. 가깝고 예쁘잖아요.

단어
- 假期 [jiàqī] 명 휴가
- 陪 [péi] 동 모시다
- 旅游 [lǚyóu] 여행하다
- 弱 [ruò] 형 약하다
- 坐 [zuò] 동 타다

Tip 시량보어란 동작이 지속된 시간이나 동작이 실현된 후 현재까지 경과한 시간을 나타낸다.
시량보어의 형태:
- 동사+목적어+동사+시량보어
- 동사+시량보어+(的)목적어
  예 我看书看了一个小时。= 我看了一个小时的书。
  나는 책을 한 시간 동안 봤다.
  我坐飞机坐了两个多小时。= 我坐了两个多小时飞机。
  나는 비행기를 두 시간 이상 탔다.

3 질문 这是在我们这儿买的电视吗?

예시답안 是啊, 我这儿有发票。
shì a, wǒ zhèr yǒu fā piào.

只用了5天就坏了, 我要退货。
zhǐ yòng le wǔ tiān jiù huài le, wǒ yào tuì huò.

한글해석 질문: 이것은 우리 가게에서 산 텔레비전인가요?
예시답안: 네, 저 여기 영수증 있어요. 겨우 5일 사용했는데 고장이 났어요, 환불해 주세요.

단어
- 电视 [diànshì] 명 텔레비전
- 发票 [fāpiào] 명 영수증

- 只 [zhǐ] 부 오직
- 坏 [huài] 동 고장나다
- 退货 [tuìhuò] 동 환불하다

Tip 중국어에서 장소를 나타내는 방법은 장소명사, '명사+방위사', '명사+这儿/那儿' 등의 표현이 있다.
  예 你们这儿的菜味道很好。
  여기 요리 참 맛있네요.
  你们那儿冬天冷不冷?
  너희 그 쪽은 겨울에 춥니?

4 질문 吃好了吗? 要不要再来点儿别的? 今天我请客。

예시답안 哪儿的话! 上次你请我吃饭,
nǎr de huà! shàng cì nǐ qǐng wǒ chī fàn,

这次应该我做东才行。
zhè cì yīng gāi wǒ zuò dōng cái xíng.

한글해석 질문: 잘 먹었어요? 다른 거 더 시킬래요? 오늘 제가 살게요.
예시답안: 무슨 말씀을요! 지난 번에 제가 얻어 먹었으니 이번엔 당연히 제가 사야죠.

단어
- 别的 [biéde] 대 다른 것
- 请客 [qǐngkè] 한 턱 내다
- 吃饭 [chīfàn] 동 밥을 먹다
- 应该 [yīnggāi] 마땅히
- 做主 [zuòzhǔ] 동 주인이 되다

Tip '哪儿的话'는 '뭘요, 천만에요, 별 말씀을요'의 뜻으로 겸손을 나타내는 대답이다. 이 밖에도 '哪里哪里', '不敢当', '您过奖了' 등이 있다.

5 질문 你最近在学汉语吗? 学得怎么样?

예시답안 别提了。学汉语非常难,
bié tí le. xué hàn yǔ fēi cháng nán,

不过我觉得越学越有意思。
bú guò wǒ jué de yuè xué yuè yǒu yì si.

한글해석 질문: 너 요즘 중국어 배우니? 공부하는 게 좀 어때?
예시답안: 말도 마. 중국어 공부가 정말 어려워, 하지만 배울수록 재미있는 것 같아.

단어
- 最近 [zuìjìn] 명 요즘
- 汉语 [hànyǔ] 중국어
- 难 [nán] 형 어렵다
- 越~越 [yuè~yuè] ~할수록 ~하다
- 有意思 [yǒuyìsi] 재미있다

Tip '越~越'는 '~할수록 ~해지다'는 뜻으로 변화를 나타낸다.
  예 这本书越看越有意思。
  이 책은 볼수록 재미있다.
  别吃了, 越吃越胖。
  먹지 마, 먹을수록 살이 찌잖아.

第四部分：简短回答

1 질문: 你喜欢照相吗? 为什么?

예시답안:
我非常喜欢照相。
wǒ fēi cháng xǐ huan zhào xiàng.
每次去旅行的时候或者吃好吃的
měi cì qù lǚ xíng de shí hou huò zhě chī hǎo chī de
料理的时候，我都会照相。
liào lǐ de shí hou, wǒ dōu huì zhào xiàng.
因为我想把那一刻照下来作个纪念。
yīn wèi wǒ xiǎng bǎ nà yí kè zhào xià lái zuò ge jì niàn.
时间过去了就不会再回来。
shí jiān guò qù le jiù bú huì zài huí lái.
我想只有照相机才能给我
wǒ xiǎng zhǐ yǒu zhào xiàng jī cái néng gěi wǒ
美好的回忆。
měi hǎo de huí yì.
所以我每次跟朋友出去玩的时候
suǒ yǐ wǒ měi cì gēn péng you chū qù wán de shí hou
都会带着照相机去。
dōu huì dài zhe zhào xiàng jī qù de.

한글해석 질문: 당신은 사진 찍는 것을 좋아하나요? 왜 그렇습니까?
예시답안: 나는 사진 찍는 것을 매우 좋아합니다. 매번 여행을 할 때나 맛있는 요리를 먹을 때 모두 사진을 찍습니다. 왜냐하면 저는 그 순간을 사진으로 찍어 기념하고 싶기 때문입니다. 시간은 지나가면 다시 돌아오지 않습니다. 사진기만이 저에게 아름다운 추억을 줄 수 있다고 생각합니다. 그래서 매번 친구와 놀 때 사진기를 꼭 가지고 갑니다.

단어
- 照相 [zhàoxiàng] 통 사진을 찍다
- 旅行 [lǚxíng] 통 여행하다
- 一刻 [yíkè] 명 순간
- 纪念 [jìniàn] 명 기념
- 回忆 [huíyì] 명 추억

Tip '只有~才'는 '오로지 ~해야만 비로소~하다'는 뜻으로 앞 절에서는 유일한 조건을 제시하는데 이 조건이 없다면 뒷 절의 결과가 발생할 수 없음을 나타낸다.
예) 只有说好汉语才能做好生意。
오로지 중국어를 마스터해야만 사업을 잘 할 수 있다.
只有运动才能健康。
운동을 해야만 건강해질 수 있다.

2 질문: 你有资格证吗? 都有什么?

예시답안:
大部分学生们都为了
dà bù fen xué shēng men dōu wèi le
找个好工作而考资格证。
zhǎo ge hǎo gōng zuò ér kǎo zī gé zhèng.
所以每次放假的时候都忙着
suǒ yǐ měi cì fàng jià de shí hou dōu máng zhe
准备各种各样的考试。
zhǔn bèi gè zhǒng gè yàng de kǎo shì.
我也不例外。每次放假都为了
wǒ yě bú lì wài. měi cì fàng jià dōu wèi le
考托业、汉语水平考试而努力。
kǎo tuō yè, hàn yǔ shuǐ píng kǎo shì ér nǔ lì.
上个月还拿到了电脑运用资格证。
shàng ge yuè hái ná dào le diàn nǎo yùn yòng zī gé zhèng.
有资格证不一定能找到好工作，
yǒu zī gé zhèng bù yí dìng zhǎo dào hǎo gōng zuò,
但是我相信这些资格证
dàn shì wǒ xiāng xìn zhè xiē zī gé zhèng
肯定会对就业起到很大的作用。
kěn dìng huì duì jiù yè qǐ dào hěn dà de zuò yong.

한글해석 질문: 당신은 자격증이 있나요? 어떤 자격증이 있나요?
예시답안: 대부분 학생들은 직업을 찾기 위해 자격증을 땁니다. 그래서 매 방학 때마다 서둘러 각종 시험을 준비합니다. 저도 예외는 아닙니다. 매번 방학 때 토익, HSK 시험을 보기 위해 열심히 노력합니다. 지난 달에는 컴퓨터 자격증도 땄습니다. 자격증이 있다고 반드시 취직을 할 수 있는 것은 아니지만 이 자격증이 취업을 하는 데 큰 도움이 될 거라고 믿습니다.

단어
- 资格证 [zīgézhèng] 명 자격증
- 取得 [qǔdé] 통 획득하다
- 考试 [kǎoshì] 명 시험
- 例外 [lìwài] 통 예외이다
- 托业 [tuōyè] 명 토익

Tip '对~起作用'은 '~에 ~작용을 하다/~에 효능이 나타나다'는 고정표현이다.
예) 对感情问题, 钱不会起作用。
감정 문제에 돈은 소용이 없다.
这个药对减肥起作用。
이 약은 다이어트에 효능이 있다.

3 질문: 你想住在市中心还是郊区, 为什么?

예시답안:
我想住在市中心。
wǒ xiǎng zhù zài shì zhōng xīn.
因为市中心的交通很方便。
yīn wèi shì zhōng xīn de jiāo tōng hěn fāng biàn.
可以乘坐地铁和公共汽车
kě yǐ chéng zuò dì tiě hé gōng gòng qì chē
去想去的地方。
qù xiǎng qù de dì fang.
而且医院、银行、超市、电影院、
ér qiě yī yuàn, yín háng, chāo shì, diàn yǐng yuàn,
百货商店等都聚集在市中心。
bǎi huò shāng diàn děng dōu jù jí zài shì zhōng xīn.
所以生活非常便利。
suǒ yǐ shēng huó fēi cháng biàn lì.

실전 모의고사 답안

| 한글해석 | 질문: 당신은 도심에 살고 싶나요, 아니면 교외에 살고 싶나요? 왜 그렇습니까?
예시답안: 저는 도심에 살고 싶습니다. 왜냐하면 도심의 교통이 아주 편리하기 때문입니다. 어디에 가고 싶든 지하철이나 버스를 타면 모두 갈 수 있습니다. 게다가 병원, 은행, 영화관, 백화점 등이 모두 밀집되어 있어서 생활이 매우 편리합니다. |

단어
- 市中心 [shìzhōngxīn] 명 도심
- 郊区 [jiāoqū] 명 교외
- 住 [zhù] 동 살다
- 聚集 [jùjí] 동 밀집하다
- 便利 [biànlì] 형 편리하다

Tip '동사+在'는 '~에서 ~하다'는 뜻으로 뒤에 행위와 상관 있는 시간, 장소, 범위, 조건 등을 이끈다.
예 这个事故发生在2001年。
이 사고는 2001년도에 발생했다.
别把我的话放在心上。
내 말을 마음에 두지 마세요.

4 你一般在网上买什么?

예시답안: 我不喜欢网上买东西。
wǒ bù xǐ huan wǎng shàng mǎi dōng xi.

除了书和光盘以外
chú le shū hé guāng pán yǐ wài

其他的没在网上买过东西。
qí tā de méi zài wǎng shàng mǎi guò dōng xi.

因为我怕质量不好,
yīn wèi wǒ pà zhì liàng bù hǎo,

所以一般都亲自去商店买。
suǒ yǐ yì bān dōu qīn zì qù shāng diàn mǎi.

不过书, 光盘之类的东西
bú guò shū, guāng pán zhī lèi de dōng xi

常常在网上买。
cháng cháng zài wǎng shàng mǎi.

因为这些东西在网上买更便宜。
yīn wèi zhè xiē dōng xi zài wǎng shàng mǎi gèng pián yi.

| 한글해석 | 질문: 당신은 보통 인터넷상으로 무엇을 삽니까?
예시답안: 저는 인터넷쇼핑을 좋아하지 않습니다. 책과 CD 이외에 다른 것은 사 본 적이 없습니다. 왜냐하면 저는 질이 좋지 않을까 걱정이 되기 때문입니다. 그래서 보통 직접 상점에 가서 구입합니다. 하지만 책이나 CD 종류는 인터넷상에서 구입합니다. 왜냐하면 이 물건들은 인터넷에서 사는 것이 훨씬 저렴하기 때문입니다. |

단어
- 网上 [wǎngshàng] 인터넷상
- 除了 [chú le] 개 ~를 제외하고
- 光盘 [guāngpán] 명 CD
- 质量 [zhìliàng] 명 질
- 亲自 [qīnzì] 부 직접

Tip '除了~以外'는 '~를 이외에'라는 뜻으로 뒷문장에 나오는 부사에 따라 포괄하는 범위가 다르다.
예 除了小王以外我们都去。
샤오왕 빼고 우리는 모두 갑니다.
除了电脑以外我们还要买冰箱和电视。
컴퓨터 이외에 냉장고와 텔레비전도 사야 합니다.

5 질문: 你去过的地方中印象最深刻的地方是哪儿?

예시답안: 对我来说印象最深刻的地方是
duì wǒ lái shuō yìn xiàng zuì shēn kè de dì fang shì

北京的颐和园。
běi jīng de yí hé yuán.

我在北京留学的时候
wǒ zài běi jīng liú xué de shí hou

常常去颐和园玩儿。
cháng cháng qù yí hé yuán wánr.

尤其是春天。春天的颐和园
yóu qí shì chūn tiān. chūn tiān de yí hé yuán

不仅风景很美, 空气还很新鲜。
bù jǐn fēng jǐng hěn měi, kōng qì hái hěn xīn xiān.

就像天堂似的。
jiù xiàng tiān táng shì de.

所以每个周末我都会带着便当
suǒ yǐ měi gè zhōu mò wǒ dōu huì dài zhe biàn dāng

跟朋友们去颐和园看看书,
gēn péng you men qù yí hé yuán kàn kan shū,

唱唱歌。玩儿得非常高兴。
chàng chang gē. wánr de fēi cháng gāo xìng.

| 한글해석 | 질문: 당신이 가본 곳 중, 가장 인상 깊은 곳은 어디입니까?
예시답안: 저에게 가장 인상 깊은 곳은 북경의 이화원입니다. 제가 북경에서 유학을 할 때 자주 이화원에 가서 놀았습니다. 특히 봄에 많이 갔습니다. 봄날의 이화원은 풍경이 아름다울 뿐만 아니라 공기도 신선해서 마치 천당에 온 기분이었습니다. 그래서 매 주말마다 도시락을 준비해서 친구들과 이화원에 가서 책도 보고 노래도 부르며 즐겁게 놀았습니다. |

단어
- 印象 [yìnxiàng] 명 인상
- 深刻 [shēnkè] 형 깊다
- 颐和园 [yíhéyuán] 명 이화원
- 尤其 [yóuqí] 부 특히
- 新鲜 [xīnxiān] 형 신선하다

Tip '像~似的'는 '마치 ~와 같다'는 표현으로 자주 부사 '就'와 함께 사용한다.
예 她的微笑就像花儿似的。
그녀의 미소는 마치 꽃과 같다.
他的话就像刀子似的。
그의 말은 마치 칼날같다.

第五部分：拓展回答

1
질문: 你觉得目前离婚率越来越高的原因是什么?

예시답안: 我觉得离婚率越来越高的
wǒ jué de lí hūn lǜ yuè lái yuè gāo de
原因有很多。其中最大的原因是
yuán yīn yǒu hěn duō. qí zhōng zuì dà de yuán yīn shì
观念的转变。
guān niàn de zhuǎn biàn.
因为受到西方文化的影响
yīn wèi shòu dào xī fāng wén huà de yǐng xiǎng
个人的幸福成了人生最大的目标。
gè rén de xìng fú chéng le rén shēng zuì dà de mù biāo.
所以夫妻之间一旦发生了冲突
suǒ yǐ fū qī zhī jiān yí dàn fā shēng le chōng tū
他们会首先考虑到自己的幸福。
tā men huì shǒu xiān kǎo lǜ dào zì jǐ de xìng fú
因此他们之间的矛盾越来越大，
yīn cǐ tā men zhī jiān de máo dùn yuè lái yuè dà,
最终选择离婚。
zuì zhōng xuǎn zé lí hūn.

질문: 당신은 최근 이혼율이 증가하는 이유가 무엇이라고 생각합니까?

예시답안: 이혼율이 증가하는 원인은 많이 있지만 그 중 가장 큰 원인은 관념의 변화라고 생각합니다. 서양 문화의 영향으로 개인의 행복이 인생의 가장 큰 목표가 되었기 때문입니다. 그래서 부부 사이에 충돌이 생기면 가장 먼저 고려하는 것이 개인의 행복입니다. 그러므로 그들 사이의 갈등은 점점 커지고 결국 이혼을 선택하는 것 같습니다.

단어
- 离婚率 [líhūnlǜ] 명 이혼율
- 观念 [guānniàn] 명 관념
- 目标 [mùbiāo] 명 목표
- 冲突 [chōngtū] 명 충돌
- 矛盾 [máodùn] 명 갈등

Tip '一旦'은 '일단 ~한다면'이라는 부사로 아직 일어나지 않은 가정의 상황을 나타낸다.
예) 一旦说了，那就要负责任。
일단 말을 했으면 책임을 져야 한다.
一旦决定了就不能变。
일단 결정했으면 바꿀 수 없다.

2
질문: 你同意"科技越发展, 人们的生活质量越差。"这句话吗?

예시답안: 我觉得科技的发展给我们带来
wǒ jué de kē jì de fā zhǎn gěi wǒ men dài lái
好处的同时也带来了坏处。
hǎo chù de tóng shí yě dài lái le huài chù.
我不得不承认科技的发展
wǒ bù dé bù chéng rèn kē jì de fā zhǎn
给我们的生活带来了很大的便利。
gěi wǒ men de shēng huó dài lái le hěn dà de biàn lì.
不过也有不良的后果。
bú guò yě yǒu bù liáng de hòu guǒ.
比如说有了汽车，
bǐ rú shuō yǒu le qì chē,
我们的生活变快捷了，
wǒ men de shēng huó biàn kuài jié le,
但是也因此常常发生车祸，
dàn shì yě yīn cǐ cháng cháng fā shēng chē huò,
空气也越来越差。
kōng qì yě yuè lái yuè chà.
所以我觉得科技的发展是把"双刃剑"。
suǒ yǐ wǒ jué de kē jì de fā zhǎn shì bǎ "shuāng rèn jiàn".

질문: 당신은 "과학 기술의 발전이 사람들의 삶의 질을 떨어뜨렸다."라는 말에 동의합니까?

예시답안: 저는 과학기술의 발전은 우리에게 좋은 점을 가져다 주는 동시에 나쁜 점도 가져다준다고 생각합니다. 과학기술의 발전이 우리의 생활에 편리함을 가져다 주었다는 것은 인정하지 않을 수 없습니다. 그러나 나쁜 결과도 있습니다. 예를 들어 자동차가 생겨 우리의 삶이 편리해졌지만 자동차 때문에 차 사고가 발생하고 공기도 점점 오염되었습니다. 그래서 저는 과학기술의 발전은 '양날의 칼'이라고 생각합니다.

단어
- 科技 [kējì] 명 과학기술
- 不得不 [bùdébù] 부 어쩔 수 없이
- 承认 [chéngrèn] 동 인정하다
- 车祸 [chēhuò] 명 차 사고
- 双刃剑 [shuāngrènjiàn] 양날의 칼

Tip '~的同时也~'는 '~하는 동시에 또 ~하다'는 고정구의 표현이다.
예) 看正面的同时也要看负面。
긍정적인 면을 보는 동시에 부정적인 면도 보아야 한다.
我们要发展科技的同时也要保护环境。
우리는 과학기술을 발전시키는 동시에 환경도 보호해야 한다.

3
질문: 老年人可以免费乘坐交通工具, 对于这一点你有什么看法?

예시답안: 我同意老年人免费乘坐
wǒ tóng yì lǎo nián rén miǎn fèi chéng zuò
交通工具, 不过应该限制他们
jiāo tōng gōng jù, bú guò yīng gāi xiàn zhì tā men
免费乘坐的时间。
miǎn fèi chéng zuò de shí jiān.
因为早上上班和晚上下班的
yīn wèi zǎo shang shàng bān hé wǎn shang xià bān de
时候很堵, 公交车和地铁
shí hou hěn dǔ, gōng jiāo chē hé dì tiě
都人满为患的。要是这个时间
dōu rén mǎn wéi huàn de. yào shì zhè ge shí jiān

실전 모의고사 답안

老年人也都出来的话,
lǎo nián rén yě dōu chū lái de huà,
会给上班族造成很多不便。
huì gěi shàng bān zú zào chéng hěn duō bú biàn.
所以我觉得应该避开上下班时间
suǒ yǐ wǒ jué de yīng gāi bì kāi shàng xià bān shí jiān
让老年人免费乘坐交通工具。
ràng lǎo nián rén miǎn fèi chéng zuò jiāo tōng gōng jù.

한글해석
질문: 어르신들은 무료로 대중교통을 이용할 수 있는데 여기에 대해 당신은 어떻게 생각합니까?
예시답안: 저는 어르신들이 무료로 대중교통을 이용하는 것에 동의합니다. 하지만 무료로 대중교통을 이용하는 시간을 제한해야 한다고 생각합니다. 왜냐하면 아침에 출근할 때와 저녁에 퇴근할 때에는 차가 많이 막히고 버스나 지하철 모두 만원입니다. 만약에 이 시간에 어르신들의 외출이 많아지게 된다면, 출퇴근하는 사람들이 더욱 불편해지게 될 것입니다. 그래서 저는 출퇴근 시간을 피해 어르신들이 무료로 대중교통을 이용하도록 해야 한다고 생각합니다.

단어
- 免费 [miǎnfèi] 통 돈을 받지 않다
- 乘坐 [chéngzuò] 통 승차하다
- 限制 [xiànzhì] 통 제한하다
- 上班族 [shàngbānzú] 명 출퇴근족
- 不便 [búbiàn] 통 불편하다

Tip '给~添麻烦'는 '폐를 끼치다, 불편을 주다'는 뜻의 고정구이다.
예 给您添麻烦了, 真对不起.
  당신에게 폐를 끼쳐 정말 죄송합니다.
  本来是想帮您, 反而给您添了不少麻烦了.
  원래는 당신을 도우려고 했는데 오히려 폐만 끼쳤습니다.

4 질문: 你觉得有宗教信仰好吗?

예시답안:
人都需要信仰。
rén dōu xū yào xìn yǎng.
信仰是我们的精神支柱。
xìn yǎng shì wǒ men de jīng shén zhī zhù.
每当我们不知道该怎么做,
měi dāng wǒ men bù zhī dào gāi zěn me zuò,
感到迷茫的时候要是有
gǎn dào mí máng de shí hou yào shì yǒu
宗教信仰的话可以引导你
zōng jiào xìn yǎng de huà kě yǐ yǐn dǎo nǐ
走上正确的道路。
zǒu shàng zhèng què de dào lù.
宗教不能解决所有的问题,
zōng jiào bù néng jiě jué suǒ yǒu de wèn tí,
但是至少能告诉你解决问题的方法。
dàn shì zhì shǎo néng gào su nǐ jiě jué wèn tí de fāng fǎ.
我每次伤心难过的时候
wǒ měi cì shāng xīn nán guò de shí hou

都会向上帝祈祷,
dōu huì xiàng shàng dì qí dǎo,
这样我的心就会变得平静了。
zhè yàng wǒ de xīn jiù huì biàn dé píng jìng le.

한글해석
질문: 당신은 신앙이 있는 것이 좋은 것 같습니까?
예시답안: 사람들은 모두 신앙이 필요합니다. 신앙은 우리의 정신적 지주입니다. 매번 우리가 어떻게 해야 할 지 몰라 아득할 때 만약 신앙이 있다면 당신을 정확한 길로 인도할 것입니다. 종교는 문제를 해결할 수 없지만 적어도 당신에게 문제를 해결하는 방법을 알려줍니다. 저는 매번 괴로울 때 신에게 기도합니다. 이렇게 하면 마음이 편안해집니다.

단어
- 信仰 [xìnyǎng] 명 신앙
- 支柱 [zhīzhù] 명 지주
- 迷茫 [mímáng] 통 아득하다
- 引导 [yǐndǎo] 통 인도하다
- 祈祷 [qídǎo] 통 기도하다

Tip '至少'는 '적어도, 최소한'이라는 뜻의 부사이다.
예 从这儿到机场, 坐出租车至少要半个小时.
  여기서 공항까지 택시 타고 적어도 30분 정도 걸립니다.
  他至少有四十岁. 그는 적어도 마흔은 되었다.

第六部分: 情景应对

1 질문: 今天你要加班所以不能去幼儿园接孩子。你给你的丈夫(或者妻子)打电话说明你的情况后请他下班后去接孩子。

예시답안:
老公, 是我。你下班了吗?
lǎo gōng, shì wǒ. nǐ xià bān le ma?
今天我们公司突然来了一位客人,
jīn tiān wǒ men gōng sī tū rán lái le yí wèi kè rén,
所以我可能晚点下班。
suǒ yǐ wǒ kě néng wǎn diǎnr xià bān.
本来我们说好今天晚上
běn lái wǒ men shuō hǎo jīn tiān wǎn shang
我去幼儿园接孩子的。
wǒ qù yòu ér yuán jiē hái zi de.
可是我现在走不开公司,
kě shì wǒ xiàn zài zǒu bú kāi gōng sī,
你去接一下孩子好吗?
nǐ qù jiē yí xià hái zi hǎo ma?
客人一走我就赶快回家。谢谢老公。
kè rén yì zǒu wǒ jiù gǎn kuài huí jiā. xiè xie lǎo gōng.

한글해석
질문: 오늘 당신이 야근을 해야 해서 유치원에 아이를 데리러 갈 수 없습니다. 남편에게 전화를 걸어 상황을 설명하고 아이를 데려 올 것을 부탁해 보세요.
예시답안: 남편, 저예요. 퇴근했나요? 오늘 우리 회사에 갑자기 고객이 한 분이 오셔서 늦게나 퇴근할 것 같아요. 원래 오늘 제가 아이를 데리러 가기로 했는데 지금 회

사를 나올 수가 없어요. 저 대신 아이 좀 데려오겠어요? 고객이 가면 바로 집에 갈게요. 고마워요.

단어
- 幼儿园 [yòuéryuán] 명 유치원
- 突然 [tūrán] 부 갑자기
- 本来 [běnlái] 부 원래
- 走不开 [zǒubúkāi] 떠날 수 없다
- 赶快 [gǎnkuài] 부 빨리

Tip '一+동사1+就+동사2'는 '～하기만 하면 ～하다'는 뜻으로 전후의 두 가지 일이나 상황이 곧바로 이어짐을 나타낸다.
예) 一下课就跟朋友去玩儿。
수업이 끝나자 마자 친구와 놀러 간다.
妈妈一出门，孩子就开始玩儿电脑游戏。
어머니가 외출하자 마자 아이는 컴퓨터 게임을 하기 시작했다.

2
질문 今天你第一天上班。给同事们介绍一下你自己。

예시답안
大家好。我叫小明。
dà jiā hǎo. wǒ jiào xiǎo míng.
我今年28岁, 属兔。
wǒ jīn nián èr shí bā suì, shǔ tù.
我的专业是国际贸易, 硕士毕业。
wǒ de zhuān yè shì guó jì mào yì, shuò shì bì yè.
我喜欢运动, 尤其喜欢爬山。
wǒ xǐ huan yùn dòng, yóu qí xǐ huan pá shān.
所以周末要么去打网球,
suǒ yǐ zhōu mò yào me qù dǎ wǎng qiú,
要么去爬山。我性格很外向,
yào me qù pá shān. wǒ xìng gé hěn wài xiàng,
大家都说我是个"自来熟"。
dà jiā dōu shuō wǒ shi ge "zì lái shú".
非常高兴认识大家,
fēi cháng gāo xìng rèn shi dà jiā,
请大家多多指教。
qǐng dà jiā duō duō zhǐ jiào.

한글해석
질문: 당신은 오늘 처음 출근을 했습니다. 동료들에게 자기 소개를 해 보세요.
예시답안: 여러분 안녕하세요. 저는 샤오밍이라고 합니다. 올해 28살이고 토끼띠입니다. 저는 대학원을 졸업했고 전공은 국제 무역입니다. 운동을 좋아하고 특히 등산을 좋아합니다. 그래서 매 주말이 되면 테니스를 치러 가거나 등산을 갑니다. 성격은 외향적이고 사람들이 저에게 "사교성이 좋다"고 말합니다. 여러분을 알게 되어서 매우 기쁩니다. 잘 부탁드립니다.

단어
- 属 [shǔ] 동 띠가 ~이다
- 国际贸易 [guójìmàoyì] 국제 무역
- 外向 [wàixiàng] 형 외향적이다
- 自来熟 [zìláishú] 사교성이 좋은 사람
- 指教 [zhǐjiào] 동 지도하다

Tip '要么~要么'는 '~하든지 아니면 ~하든지'라는 뜻으로 여러 가지 상황 중에서 선택하는 표현이다.
예) 要么今天去, 要么明天去, 反正要去。
오늘 가든지 내일 가든지 어쨌든 가야 한다.
要么吃韩国菜, 要么吃中国菜, 你选吧。
한국요리를 먹든 중국 요리를 먹든 네가 선택해라.

3
질문 你的同事想跟你一起看电影, 连电影票都买了。可是你身体不好所以不想去, 请你拒绝他。

예시답안
真不好意思,
zhēn bù hǎo yì si,
今天我突然觉得身体有点儿不舒服。
jīn tiān wǒ tū rán jué de shēn tǐ yǒu diǎnr bù shū fu.
可能是因为这几天工作太忙
kě néng shì yīn wèi zhè jǐ tiān gōng zuò tài máng
一直都很晚才下班,
yì zhí dōu hěn wǎn cái xià bān,
所以没休息好的原因。
suǒ yǐ méi xiū xi hǎo de yuán yīn.
我想今天早点儿回家休息。
wǒ xiǎng jīn tiān zǎo diǎnr huí jiā xiū xi.
我们能不能改天去呢?
wǒ men néng bù néng gǎi tiān qù ne?
要是电影票不能取消的话
yào shi diàn yǐng piào bù néng qǔ xiāo de huà
也可以跟别人一起去。
yě kě yǐ gēn bié rén yì qǐ qù.
真不好意思。
zhēn bù hǎo yì si.
下次我请你看电影好吗?
xià cì wǒ qǐng nǐ kàn diàn yǐng hǎo ma?

한글해석
질문: 당신의 동료가 당신과 함께 영화를 보고 싶어 영화표까지 샀습니다. 그러나 당신은 오늘 몸이 안 좋아 가고 싶지 않습니다. 거절해 보세요.
예시답안: 정말 미안해요. 오늘 제가 갑자기 몸이 안 좋아요. 아마도 며칠 일이 바빠서 계속 늦게 퇴근해 잘 쉬지 못해서인 것 같아요. 저는 오늘 좀 일찍 집에 가서 쉬고 싶어요. 다른 날 가면 안될까요? 만약에 영화표를 환불할 수 없으면 다른 사람과 같이 가세요. 정말 미안해요. 다음 번에 제가 영화 보여 드릴게요.

단어
- 拒绝 [jùjué] 동 거절하다
- 舒服 [shūfu] 형 편안하다
- 改天 [gǎitiān] 동 날을 바꾸다
- 取消 [qǔxiāo] 동 취소하다
- 请 [qǐng] 동 청하다

Tip 결과보어란 동작이 진행된 후의 결과가 어떠한지를 보충 설명하는 것으로 부정표현은 '没+동사+결과보어'이다. '동사+好'는 '잘~하다'는 의미가 있다.
예) 我看完了那本小说。나는 이 소설을 다 봤다.
我没听懂老师说的话。나는 선생님의 말을 알아들을 수 없다.

실전 모의고사 답안

第七部分：看图说话

예시답안
一个阿姨去市场买菜回来的时候
yí ge ā yí qù shì chǎng mǎi cài huí lái de shí hou

看见一只瘦弱的狗坐在她家门口。
kàn jiàn yì zhī shòu ruò de gǒu zuò zài tā jiā mén kǒu.

这只狗看起来又饿又疲惫。
zhè zhī gǒu kàn qǐ lái yòu è yòu pí bèi.

阿姨觉得它很可怜，
ā yí jué de tā hěn kě lián,

所以赶快进去拿了一碗饭给它吃。
suǒ yǐ gǎn kuài jìn qù ná le yì wǎn fàn gěi tā chī.

不过这只狗很奇怪。
bú guò zhè zhī gǒu hěn qí guài.

他不仅不吃还跑得远远的。
tā bù jǐn bù chī hái pǎo de yuǎn yuǎn de.

阿姨看着这只跑远的狗。
ā yí kàn zhe zhè zhī pǎo yuǎn de gǒu.

后来才知道，这只狗有两个幼崽。
hòu lái cái zhī dào, zhè zhī gǒu yǒu liǎng ge yòu zǎi.

它是因为想要给自己的孩子喂食，
tā shì yīn wèi xiǎng yào gěi zì jǐ de hái zi wèi shí,

所以跑过去把幼崽们带过来了。
suǒ yǐ pǎo guò qù bǎ yòu zǎi men dài guò lái le.

한글해석
예시답안: 아주머니가 시장을 보고 집에 돌아 오는데 배고파 보이는 개 한 마리가 집 문 앞에 앉아 있는 것을 보았다. 아주머니는 개가 불쌍해서 얼른 집에 들어가 밥을 가져다 주었다. 그러나 이 개는 이상했다. 밥을 먹지 않을 뿐만 아니라 멀리 도망가 버리는 것이었다. 아주머니는 멀리 달아나는 개를 쳐다보고 있었다. 후에 그 개에게 두 마리의 새끼가 있다는 것을 알 게 되었다. 그 어미 개는 자기 자식들에게 밥을 먹이기 위해 달려가서 새끼들을 데리고 온 것이다.

단어
- 瘦 [shòu] 형 마르다
- 看起来 [kànqǐlái] 동 보기에
- 疲惫 [píbèi] 형 피로하다
- 可怜 [kělián] 형 불쌍하다
- 带过来 [dàiguòlái] 데리고 오다

Tip 방향보어란 동사 뒤에 쓰여 동작의 방향이나 사물의 발전 방향을 나타낸다.

단순방향보어	복합방향보어	단순방향보어	복합방향보어
上	上来/上去	回	回来/回去
下	下来/下去	过	过来/过去
进	进来/进去	起	起来/x
出	出来/出去		

예) 你们都进去吧。
너희들 모두 들어 가렴.
老师从外边走进来了。
선생님은 밖에서 걸어 들어 오셨다.

실전 모의고사 5

第二部分：看图回答

1
질문 篮球在哪儿?
예시답안 篮球在椅子的上面。
lán qiú zài yǐ zi de shàng miàn.

한글해석
질문: 농구공은 어디에 있나요?
예시답안: 농구공은 의자 위에 있어요.

단어
- 篮球 [lánqiú] 명 농구공
- 在 [zài] 동 ~에 있다
- 哪儿 [nǎr] 대 어디에
- 椅子 [yǐzi] 명 의자
- 上面 [shàngmiàn] 명 위쪽

Tip 위와 같이 의문대사를 이용한 질문이 자주 출제되므로 그 종류와 뜻을 정리해 알아두자.

谁	什么时候	哪儿	什么
누가	언제	어디서	무엇
为什么	怎么	多少	几
왜	어떻게	얼마, 몇	얼마, 몇

2
질문 她现在干什么?
예시답안 她现在在发廊做头发。
tā xiàn zài zài fà láng zuò tóu fa.

한글해석
질문: 그녀는 지금 무엇을 하고 있나요?
예시답안: 그녀는 지금 미용실에서 머리를 하고 있어요.

단어
- 现在 [xiànzài] 명 현재
- 干 [gàn] 동 하다
- 什么 [shénme] 무엇
- 发廊 [fàláng] 명 미용실
- 头发 [tóufa] 명 머리

Tip 미용실에서 자주 쓰이는 헤어스타일에 관련된 다양한 표현을 알아보자.

长发	短发	直发	卷发	烫发
긴머리	단발머리	생머리	곱슬머리	파마하다
剪发	染发	洗发	吹干	
컷트하다	염색하다	머리감다	말리다	

3
질문 妈妈在做饭吗?
예시답안 不, 妈妈不在做饭, 她在打扫房间。
bù, mā ma bú zài zuò fàn, tā zài dǎ sǎo fáng jiān.

| 한글해석 | 질문: 엄마는 밥을 하고 있나요?
예시답안: 아니요, 엄마는 밥을 하고 있지 않습니다. 청소를 하고 있어요. |

단어
- 做饭 [zuòfàn] 동 밥을 하다
- 不 [bù] 부 아니다
- 在 [zài] 동 ~하는 중이다
- 打扫 [dǎsǎo] 동 청소하다
- 房间 [fángjiān] 명 방

Tip | '在'는 품사에 따라 여러 가지 뜻을 갖는다. '在+장소'는 '~에 있다'는 동사의 표현이고 '在+동사'와 같이 동사 앞에 쓰이면 진행형을 나타내는 부사이다.
예 我的袜子在哪儿?
   내 양말 어디에 있어요?
   他在写作业呢。
   그는 지금 숙제하는 중이에요.

4
질문: 他汉语说得怎么样?
예시답안: 他学了很长时间汉语,
tā xué le hěn cháng shí jiān hàn yǔ,
所以说得非常流利。
suǒ yǐ shuō de fēi cháng liú lì.

| 한글해석 | 질문: 그의 중국어 실력은 어떻습니까?
예시답안: 그는 중국어를 오래 배워서 유창하게 말합니다. |

단어
- 汉语 [hànyǔ] 명 중국어
- 怎么样 [zěnmeyàng] 어떻습니까?
- 很长时间 [hěnchángshíjiān] 오랜 시간
- 流利 [liúlì] 형 유창하다
- 非常 [fēicháng] 부 매우

Tip | 동작이 발생, 지속한 시간의 양을 나타내기 위해서는 '동사+시량보어+목적어'로 표현한다.
예 昨天晚上我睡了五个小时。
   어제 저녁 나는 5시간 동안 잤다.
   他看了很长时间电视。
   그는 텔레비전을 오랫동안 보았다.

第三部分：快速回答

1
질문: 你能不能帮我复印一下这份资料?
예시답안: 好的，要复印几份?
hǎo de, yào fù yìn jǐ fèn?
我复印后给你送过去。
wǒ fù yìn hòu gěi nǐ sòng guò qù.

| 한글해석 | 질문: 이 자료좀 복사해 주실 수 있나요?
예시답안: 알겠어요, 몇 부 복사해야 하나요? 복사한 후 가져다 드릴께요. |

단어
- 复印 [fùyìn] 동 복사하다
- 份 [fèn] 양 부
- 资料 [zīliào] 명 자료
- 几 [jǐ] 수 얼마, 몇
- 送 [sòng] 동 보내다

Tip | 중국어도 한국어와 마찬가지로 사물마다 양이 다르다. 그러나 양의 위치가 '수사+양+명사'라는 점에 유의해야 한다.

양사	예시
个 [ge] 사람이나 물건을 세는 단위	一个人: 한 사람 一个字: 한 글자
位 [wèi] 분 (공경의 뜻을 내포함)	一位老师: 선생님 한 분 一位客人: 손님 한 분
件 [jiàn] 옷이나 사건 등을 세는 단위	一件衣服: 옷 한 벌 一件事儿: 일 한가지
份 [fèn] 신문·잡지·문건 등을 세는 단위	一份报纸: 신문 한 부 一份资料: 자료 한 부
台 [tái] 전자기기 등을 세는 단위	一台电脑: 컴퓨터 한 대 一台机器: 기계 한 대
本 [běn] 책을 세는 단위	一本小说: 소설 한 권 一本汉语书: 중국어책 한 권
条 [tiáo] 가늘고 긴 물건을 세는 단위	一条河: 강 한 줄기 一条路: 길 한 개
辆 [liàng] 차량을 세는 단위	一辆汽车: 자동차 한 대 一辆自行车: 자전거 한 대

2
질문: 我下班了，你怎么还不出来?
예시답안: 不好意思，我家里有点儿事儿。
bù hǎo yì si, wǒ jiā lǐ yǒu diǎnr shìr.
约会时间能不能
yuē huì shí jiān néng bù néng
推迟30分钟?
tuī chí sān shí fēn zhōng?

| 한글해석 | 질문: 저 퇴근 했어요, 당신 왜 아직도 안 나오고 있어요?
예시답안: 미안해요, 집에 일이 조금 있어요. 약속시간을 30분 늦출 수 있을까요? |

단어
- 下班 [xiàbān] 동 퇴근하다
- 怎么 [zěnme] 대 어떻게, 왜
- 出来 [chūlái] 동 나오다
- 约会 [yuēhuì] 명 약속
- 推迟 [tuīchí] 동 미루다

Tip | '一点儿'은 '조금, 약간'의 뜻으로 동사와 형용사의 뒤, 명사의 앞에 위치하고 숫자 '一'는 생략할 수 있다.
예 他看了一点儿书就睡着了。
   그는 책을 조금 보더니 곧 잠이 들었다.
   你快一点儿告诉我吧。
   빨리 나에게 알려 줘.

실전 모의고사 답안

3 질문: 我们出去运动运动吧!

예시답안: 好啊，那我们去打羽毛球吧。
hǎo a, nà wǒ men qù dǎ yǔ máo qiú ba.

这不仅运动量大，而且好学。
zhè bù jǐn yùn dòng liàng dà, ér qiě hǎo xué.

한글해석 질문: 우리 나가서 운동하자!
예시답안: 좋아, 그럼 우리 배드민턴을 치러 가자. 운동량이 많을 뿐만 아니라 익히기도 쉬워.

단어
- 出去 [chūqù] 통 나가다
- 运动 [yùndòng] 통 운동하다
- 打羽毛球 [dǎyǔmáoqiú] 배드민턴을 치다
- 不仅~而且 [bùjǐn~érqiě] 할 뿐만 아니라 게다가 ~하다
- 运动量 [yùndòngliàng] 명 운동량

Tip '好'는 형용사로도 사용될 뿐만 아니라 '~를 하기에 편하다, ~에 편리하다'라는 뜻의 동사로도 쓰인다.
예 给我留一个电话号码, 有事儿好找你。
일이 있으면 쉽게 당신을 찾을 수 있도록 저에게 전화번호를 남겨 주세요.
大家都是老朋友, 一切都好说。
우리는 모두 오랜 친구들이니 쉽게 상의할 수 있다.

4 질문: 你想买什么样的雨伞? 随便挑吧。

예시답안: 我想买一把红色的雨伞。
wǒ xiǎng mǎi yì bǎ hóng sè de yǔ sǎn.

上面有图案的更好。
shàng miàn yǒu tú'àn de gèng hǎo.

한글해석 질문: 너는 어떤 스타일의 우산을 사고 싶니? 맘껏 골라 봐.
예시답안: 저는 빨간색 우산을 사고 싶어요. 위에 그림이 있으면 더 좋아요.

단어
- 雨伞 [yǔsǎn] 명 우산
- 随便 [suíbiàn] 부 마음껏, 자유로이
- 挑 [tiāo] 고르다
- 把 [bǎ] 양 자루가 달린 물건을 세는 양사
- 图案 [tú'àn] 명 무늬

Tip '随便'은 '마음대로, 자유로이, 함부로'라는 뜻을 가진 부사 뿐만 아니라 '마음대로 하다, 제멋대로 하다'는 의미의 동사로도 쓰인다.
예 不要随便乱说。 함부로 말하지 마세요.
大家, 你们随便吃吧。 여러분, 마음껏 드세요.

5 질문: 你会骑自行车吗? 要不, 我教你怎么样?

예시답안: 不用不用, 小时候我一不小心
bú yòng bú yòng, xiǎo shí hou wǒ yí bù xiǎo xīn

摔倒受过伤, 所以不敢骑自行车。
shuāi dǎo shòu guò shāng, suǒ yǐ bù gǎn qí zì xíng chē.

한글해석 질문: 자전거 탈 줄 아니? 아니면 내가 가르쳐 줄까?
예시답안: 괜찮아, 어렸을 때 자전거 타다가 실수로 넘어져서 다친 적이 있어, 그래서 자전거 탈 용기가 안 나.

단어
- 骑 [qí] 타다
- 自行车 [zìxíngchē] 명 자전거
- 要不 [yàobù] 접 아니면
- 摔倒 [shuāidǎo] 넘어지다
- 受伤 [shòushāng] 다치다

Tip 부정형 '不敢+동사'는 '감히 ~하지 못하다, ~할 용기가 없다'는 표현이다.
예 哈尔滨冬天很冷, 所以我不敢去哈尔滨旅游。
하얼빈은 겨울이 너무 추워서 나는 하얼빈에 여행갈 엄두를 못내겠어.
我不敢在网上买衣服, 怕质量不好。
질이 안 좋을까봐 인터넷에서 옷을 못사겠어.

第四部分：简短回答

1 질문: 你居住的地方交通方便吗?

예시답안: 我家虽然不在市中心，
wǒ jiā suī rán bú zài shì zhōng xīn,

但是交通很方便。
dàn shì jiāo tōng hěn fāng biàn.

地铁站离我家很近，
dì tiě zhàn lí wǒ jiā hěn jìn,

走5分钟就到了。
zǒu wǔ fēn zhōng jiù dào le.

我一般去钟路的时候
wǒ yì bān qù zhōng lù de shí hou

经常乘地铁去。
jīng cháng chéng dì tiě qù.

如果要去江南的话，
rú guǒ yào qù jiāng nán de huà,

我一定会坐公交车，
wǒ yí dìng huì zuò gōng jiāo chē,

我家门前的310路公交车
yīn wèi wǒ jiā mén qián de sān yāo líng lù gōng jiāo chē

直达江南站，而且只需要
zhí dá jiāng nán zhàn, ér qiě zhǐ xū yào

30分钟。由于我家附近有
sān shí fēn zhōng. yóu yú wǒ jiā fù jìn yǒu

各种各样的公共交通设施，
gè zhǒng gè yàng de gōng gòng jiāo tōng shè shī,

所以交通非常方便。
suǒ yǐ jiāo tōng fēi cháng fāng biàn.

한글해석 질문: 당신이 거주하는 지역의 교통이 편리합니까?
예시답안: 우리 집은 비록 시중심은 아니지만, 교통이 아주 편리합니다. 지하철역이 우리 집에서 아주 가까워서, 걸어서 5분이면 갈 수 있습니다. 종로를 갈 때, 자주 지하철을 이용합니다. 강남에 가려면 버스를 이용합

니다. 왜냐하면, 우리 집 앞의 310번 버스가 강남역에 바로 도착하기 때문에, 30분밖에 걸리지 않습니다. 이렇게 우리 집 근처에 다양한 버스시설이 있기 때문에, 교통이 아주 편리합니다.

단어
- 市中心 [shìzhōngxīn] 〔명〕 도심
- 直达 [zhídá] 〔형〕 직행하다
- 设施 [shèshī] 〔명〕 시설
- 钟路 [zhōnglù] 종로
- 江南 [jiāngnán] 강남

Tip '需要'는 '필요, 필요하다'는 뜻 이외에 '需要+동사'로 쓰여 '시간이 ~걸리다'는 표현이 된다.

예) 从北京到上海坐飞机大概需要多长时间?
북경에서 상해까지 비행기로 대략 얼마나 걸려요?
超市离这儿不远, 坐地铁需要5分钟。
슈퍼는 우리집에서 멀지 않아요, 지하철 타고 5분 걸려요.

2
질문 你跟同事们相处得怎么样?

예시답안
无论你在哪家公司,
wú lùn nǐ zài nǎ jiā gōng sī,
处理好同事关系都非常重要。
chǔ lǐ hǎo tóng shì guān xi dōu fēi cháng zhòng yào.
相处得好, 自然会很开心;
xiàng chǔ de hǎo, zì rán huì hěn kāi xīn;
相处得不好, 就会很烦心。
xiàng chǔ de bù hǎo, jiù huì hěn fán xīn.
我在公司里跟上司和同事们
wǒ zài gōng sī lǐ gēn shàng sī hé tóng shì men
相处得都很好。
xiàng chǔ de dōu hěn hǎo.
我的同事们都很热情,
wǒ de tóng shì men dōu hěn rè qíng,
善于帮助别人, 互相信赖,
shàn yú bāng zhù bié rén, hù xiāng xìn lài,
所以公司气氛非常好。
suǒ yǐ gōng sī qì fēn fēi cháng hǎo.
除了业务时间, 下班后我们还
chú le yè wù shí jiān, xià bān hòu wǒ men hái
一起去吃饭喝酒。
yì qǐ qù chī fàn hē jiǔ.
如果想要搞好同事关系的话,
rú guǒ xiǎng yào gǎo hǎo tóng shì guān xi de huà,
一定需要理解和信任。
yí dìng xū yào lǐ jiě hé xìn rèn.

한글해석
질문: 당신은 회사에서 동료들과 잘 지냅니까?
예시답안: 어느 회사에 있던지 동료들과의 관계를 잘 유지하는 것이 중요합니다. 잘 지낸다면 자연히 즐겁지만, 잘 지내지 못하면 속이 상합니다. 나는 회사에서 상사, 동료들과 아주 잘 지냅니다. 나의 동료들은 모두 친절하고 남을 잘 도와주며 서로 신뢰합니다. 그래서 회사 분위기가 매우 좋습니다. 업무시간 이외에 퇴근하고 우리는 함께 밥을 먹고 술을 마십니다. 만약에 동료들과 관계를 잘 맺고 싶다면 이해와 신뢰는 꼭 필요합니다.

단어
- 相处 [xiàngchǔ] 〔동〕 함께 지내다
- 处理 [chǔlǐ] 〔동〕 처리하다
- 烦心 [fánxīn] 〔동〕 속이 상하다
- 互相 [hùxiāng] 〔부〕 서로
- 气氛 [qìfēn] 〔명〕 분위기

Tip '善于'는 '~을 잘하다, ~에 능하다'는 뜻으로 동사로 '善于+동사'로 표현할 수 있다. 또 '搞好关系'는 '관계를 잘 맺다'는 고정표현이므로 함께 알아두자.

예) 他善于写作。 그는 글을 잘 쓴다.
我是一个善于社交的人。 나는 사교에 능한 사람이다.

3
질문 你常常用一次性用品吗?

예시답안
在生活中, 我们不知不觉
zài shēng huó zhōng, wǒ men bù zhī bù jué
使用的一次性用品非常多。
shǐ yòng de yí cì xìng yòng pǐn fēi cháng duō.
比如说纸巾、纸杯、塑料袋、
bǐ rú shuō zhǐ jīn、zhǐ bēi、sù liào dài、
一次性筷子、饮料瓶等等。
yí cì xìng kuài zi、yǐn liào píng děng děng.
这些不仅会造成环境污染,
zhè xiē bù jǐn huì zào chéng huán jìng wū rǎn,
还对我们的身体健康有害。
hái duì wǒ men de shēn tǐ jiàn kāng yǒu hài.
因此我在生活中, 为了减少
yīn cǐ wǒ zài shēng huó zhōng, wèi le jiǎn shǎo
一次性用品的使用而不断努力。
yí cì xìng yòng pǐn de shǐ yòng ér bú duàn nǔ lì.
纸杯、塑料袋、一次性筷子一概不使用,
zhǐ bēi、sù liào dài、yí cì xìng kuài zǐ yí gài bù shǐ yòng,
一定要做到垃圾分类回收。
yí dìng yào zuò dào lā jīfēn lèi huí shōu.

한글해석
질문: 당신은 일회용품을 자주 사용하나요?
예시답안: 생활 속에서 우리도 모르게 사용하는 일회용품은 매우 많습니다. 예를 들어 냅킨, 종이컵, 비닐 봉지, 일회용 젓가락, 음료수 병 등이 있습니다. 이것들은 환경오염을 유발할 뿐만 아니라 우리의 건강에도 좋지 않습니다. 그래서 저는 일회용품의 사용을 줄이기 위해 부단히 노력합니다. 종이컵, 비닐봉지. 일회용 젓가락은 일체 사용하지 않고 꼭 쓰레기 분리수거를 합니다.

단어
- 一次性 [yícìxìng] 〔형〕 일회용인
- 塑料袋 [sùliàodài] 〔명〕 비닐 봉지
- 造成 [zàochéng] 〔동〕 조성하다
- 一概 [yígài] 〔부〕 일체
- 垃圾分类回收 [lājīfēnlèihuíshōu] 쓰레기분리수거

실전 모의고사 답안

Tip '造成'은 '좋지 못한 결과를 초래하다, 야기시키다'는 뜻의 동사로 '造成伤害: 상해를 입히다', '造成事故: 사고를 일으키다', '造成污染: 오염을 야기하다'와 같은 표현을 자주 사용한다.

4

질문 你的父母是什么样的人?

예시답안
我的父母都是善良朴素的人。
wǒ de fù mǔ dōu shì shàn liáng pǔ sù de rén.

我父亲很保守严肃,
wǒ fù qīn hěn bǎo shǒu yán sù,

从小到大对我非常严格。
cóng xiǎo dào dà duì wǒ fēi cháng yán gé.

他常常跟我说做人要有信用,
tā cháng cháng gēn wǒ shuō zuò rén yào yǒu xìn yòng,

言行一致。
yán xíng yí zhì.

要求我做一个诚实、有骨气的人。
yāo qiú wǒ zuò yí ge chéng shí, yǒu gǔ qi de rén.

我母亲非常温和慈祥。
wǒ mǔ qīn fēi cháng wēn hé cí xiáng.

她从来不要求我什么,
tā cóng lái bù yāo qiú wǒ shén me,

只希望我生活得幸福快乐。
zhǐ xī wàng wǒ shēng huó de xìng fú kuài lè.

在我的眼里,
zài wǒ de yǎn lǐ,

我父母是世界上最伟大的人。
wǒ fù mǔ shì shì jiè shàng zuì wěi dà de rén.

한글해석 질문: 당신의 부모님은 어떤 분입니까?
예시답안: 나의 부모님은 선량하고 검소하신 분입니다. 나의 아버지는 보수적이고 말씀이 없으십니다. 아버지는 항상 저에게 사람은 신용있고 언행이 일치해야 한다고 말씀하십니다. 그래서 저에게 솔직하고 기개가 있는 사람이 되라고 하십니다. 나의 어머니는 온화하고 자상하십니다. 어머니는 이제껏 저에게 어떤 요구도 하지 않으시고 오직 내가 행복하고 즐겁게 살기를 바라십니다. 내 눈에 우리 부모님이 세상에서 가장 위대한 분입니다.

단어
- 朴素 [pǔsù] 형 검소하다
- 保守 [bǎoshǒu] 형 보수적이다
- 一致 [yízhì] 형 일치하다
- 有骨气 [yǒugǔqi] 기개가 있다
- 慈祥 [cíxiáng] 형 자상하다

Tip '在~的眼里'는 '~의 눈에는'이라는 뜻으로 주관적인 개인의 느낌이나 생각을 나타낼 때 사용하는 표현이다.
예 在孩子的眼里一切都很神奇。
아이들 눈에는 모든 것이 신기하다.
在我的眼里我姐姐是最完美的人。
내 눈에는 나의 언니가 가장 완벽해 보인다.

5

질문 你用什么方法缓解压力?

예시답안
我们的生活中
wǒ men de shēng huó zhōng

始终都会存在着压力。
shǐ zhōng dōu huì cún zài zhe yā lì.

因此每个人都要在
yīn cǐ měi ge rén dōu yào zài

寻找减压的办法上下功夫。
xún zhǎo jiǎn yā de bàn fǎ shàng xià gōng fu.

我在通常的情况下,
wǒ zài tōng cháng de qíng kuàng xià,

有压力的时候就会狂买东西。
yǒu yā lì de shí hou jiù huì kuáng mǎi dōng xi.

但买的都不是很贵的东西。
dàn mǎi de dōu bú shì hěn guì de dōng xi.

我专门买零食,
wǒ zhuān mén mǎi líng shí,

而且都是高热量食品。
ér qiě dōu shì gāo rè liàng shí pǐn.

我觉得只要吃一口冰淇淋、
wǒ jué de zhǐ yào chī yì kǒu bīng qí lín、

巧克力之类的东西, 压力就减轻了不少。
qiǎo kè lì zhī lèi de dōng xi, yā lì jiù jiǎn qīng le bù shǎo.

这就是我缓解压力的一种办法。
zhè jiù shì wǒ huǎn jiě yā lì de yì zhǒng bàn fǎ.

한글해석 질문: 당신은 어떤 방법으로 스트레스를 푸나요?
예시답안: 우리의 생활에는 늘 스트레스가 있습니다. 그러므로 사람들마다 스트레스를 푸는 방법을 찾도록 해야 합니다. 나는 평소 스트레스가 있을 때 마구 물건을 사곤 합니다. 하지만 비싼 것을 사는 게 아니라 간식을 사는데, 모두 고열량 식품입니다. 아이스크림이나 초콜렛을 한 입 먹으면 스트레스가 많이 풀리는 기분이 듭니다. 이것이 바로 내가 스트레스를 푸는 하나의 방법입니다.

단어
- 减压 [jiǎnyā] 동 스트레스를 줄이다
- 始终 [shǐzhōng] 부 시종일관
- 下功夫 [xiàgōngfu] 동 힘을 쏟다
- 通常 [tōngcháng] 명 통상
- 狂买 [kuángmǎi] 동 (미친듯이 물건을) 사다

Tip '专门'은 '전문적이다'는 뜻의 형용사 이외에도 동사 앞에 부사로 쓰여 '전문적으로, 오로지, 특별히'라는 의미를 갖는다.
예 他专门研究西方音乐。
그는 전문적으로 서양음악을 연구한다.
这是专门为你准备的。
이것은 특별히 너를 위해 준비한 것이다.

第五部分：拓展回答

1 질문 越来越的多的人移民海外, 对于这种现象, 你认为是什么原因造成的?

예시답안
许多国家有钱有权的人
xǔ duō guó jiā yǒu qián yǒu quán de rén
都要移民海外, 拿到绿卡。
dōu yào yí mín hǎi wài, ná dào lǜ kǎ.
而且海外移民潮一直在增加。
ér qiě hǎi wài yí mín cháo yì zhí zài zēng jiā.
我觉得第一个原因是因为
wǒ jué de dì yí ge yuán yīn shì yīn wèi
国外的生活环境更舒适,
guó wài de shēng huó huán jìng gèng shū shì,
教育水平高, 竞争也不太激烈。
jiāo yù shuǐ píng gāo, jìng zhēng yě bú tài jī liè.
第二个原因是很多人觉得在国内
dì èr ge yuán yīn shì hěn duō rén jué de zài guó nèi
生命安全无法得到保障。
shēng mìng ān quán wú fǎ dé dào bǎo zhàng.
也许这些都是很多人
yě xǔ zhè xiē dōu shì hěn duō rén
选择移民的主要原因。
xuǎn zé yí mín de zhǔ yào yuán yīn.

한글해석
질문: 점점 많은 사람들이 해외로 이민을 가는 현상에 대해, 당신은 어떤 원인 때문이라고 생각합니까?
예시답안: 많은 국가의 돈 있고 권력이 있는 사람들은 이민을 가서 시민권을 받기를 원합니다. 게다가 해외 이민 열풍은 계속 증가하고 있습니다. 그 첫 번째 원인은 국외의 생활 환경이 더 쾌적하고 교육 수준이 높으며 경쟁도 치열하지 않기 때문이라고 생각합니다. 두 번째 원인은 많은 사람들이 국내에서는 생명의 안전을 보장받지 못한다고 생각하기 때문입니다. 아마도 이것들이 많은 사람들이 해외 이민을 선택하는 이유일 것입니다.

단어
- 移民 [yímín] 동 이민가다
- 绿卡 [lǜkǎ] 명 시민권
- 舒适 [shūshì] 형 쾌적하다
- 激烈 [jīliè] 형 치열하다
- 保障 [bǎozhàng] 명 보장

Tip '无法'는 '没有办法'와 같은 표현으로 '无法+동사'는 '~할 방법이 없다'는 표현이다.
예) 看起来堵车的问题无法解决。
보아 하니 교통체증 문제는 해결할 방법이 없는 듯 하다.
我们快去调查吧, 要不无法知道真相。
우리 빨리 조사하러 갑시다, 그렇지 않으면 진상을 알 방법이 없어요.

2 질문 你现在住的房子怎么样?

예시답안
我住在公寓的23层。
wǒ zhù zài gōng yù de èr shí sān céng.
虽然很高,
suī rán hěn gāo,
但是因为有电梯非常方便。
dàn shì yīn wèi yǒu diàn tī fēi cháng fāng biàn.
我家有三个房间和一个客厅。
wǒ jiā yǒu sān ge fáng jiān hé yí ge kè tīng.
和其他公寓相比我家的客厅大一倍。
hé qí tā gōng yù xiāng bǐ wǒ jiā de kè tīng dà yí bèi.
所以来客人的时候在客厅里
suǒ yǐ lái kè rén de shí hou zài kè tīng lǐ
一边喝茶一边聊天。
yì biān hē chá yì biān liáo tiān.
而且因为两面有很大的窗户,
ér qiě yīn wèi liǎng miàn yǒu hěn dà de chuāng hu,
所以夏天很凉快。
suǒ yǐ xià tiān hěn liáng kuai.
两边儿还有阳台。白天光照很好,
liǎng biānr hái yǒu yáng tái. bái tiān guāng zhào hěn hǎo,
所以我在阳台上养了花草。
suǒ yǐ wǒ zài yáng tái shàng yǎng le huā cǎo.
这样, 室内的环境就变得更舒适。
zhè yàng, shì nèi de huán jìng jiù biàn de gèng shū shì.

한글해석
질문: 당신이 지금 살고 있는 집은 어떻습니까?
예시답안: 저는 아파트 23층에 살고 있습니다. 비록 높긴 하지만 엘리베이터가 있어서 아주 편리합니다. 우리 집은 방 세 개와 거실이 하나 있습니다. 다른 아파트의 거실과 비교하면 우리 집 거실은 한 배가 더 큽니다. 그래서 손님이 오면 거실에서 차를 마시고 이야기를 나눕니다. 게다가 양 쪽에 큰 창문이 있어서 아주 시원합니다. 또 양쪽에 베란다가 있습니다. 낮에는 햇볕이 좋아서 나는 베란다에 화초를 키웁니다. 이렇게 하니까 실내 환경도 훨씬 쾌적해졌습니다.

단어
- 公寓 [gōngyù] 명 아파트
- 电梯 [diàntī] 명 엘리베이터
- 一倍 [yíbèi] 양 배
- 客厅 [kètīng] 명 거실
- 窗户 [chuānghu] 명 창문

Tip 원인과 결과를 나타낼 때에 보통 '因为~所以~'의 접속사를 많이 사용한다. 그러나 원인을 강조하고 싶을 때에는 '之所以~是因为~'로 표현할 수 있다.
예) 他之所以很成功, 是因为他十分努力。
그가 성공한 까닭은 그가 열심히 노력했기 때문이다.
这个孩子之所以这么哭, 是因为他饿了。
아이가 우는 까닭은 배가 고프기 때문이다.

실전 모의고사 답안

3 질문: 工作的时候你常常打电话还是发电子邮件?

예시답안: 我主要看工作性质而决定。
wǒ zhǔ yào kàn gōng zuò xìng zhì ér jué dìng.

要是需要传送大量的文件或者
yào shì xū yào chuán sòng dà liàng de wén jiàn huò zhě

图片信息的话, 应该选择电子邮件。
tú piàn xìn xī de huà, yīng gāi xuǎn zé diàn zǐ yóu jiàn.

不过有急事需要赶快处理的话,
bú guò yǒu jí shì xū yào gǎn kuài chǔ lǐ de huà,

那当然会直接给对方打电话。
nà dāng rán huì zhí jiē gěi duì fāng dǎ diàn huà.

如果要给很多人传达信息,
rú guǒ yào gěi hěn duō rén chuán dá xìn xī,

或者怕对方不记得,
huò zhě pà duì fāng bú jì de,

那么我就会给对方发短信提醒一下。
nà me wǒ jiù huì gěi duì fāng fā duǎn xìn tí xǐng yí xià.

这样做不仅很方便,
zhè yàng zuò bù jǐn hěn fāng biàn,

还可以提高工作效率。
hái kě yǐ tí gāo gōng zuò xiào lǜ.

한글해석
질문: 일을 할 때 당신은 자주 전화를 합니까? 아니면 메일을 보냅니까?

예시답안: 저는 일의 성격을 보고 결정합니다. 만약에 많은 양의 문서나 그림과 같은 정보를 교류할 때에는 메일을 사용합니다. 그러나 서둘러 처리해야 할 급한 일이 있다면 당연히 상대방에게 직접 전화를 합니다. 만약에 많은 사람들에게 전달해야 하거나 상대방이 기억하지 못할 것 같으면 문자를 보내 일깨워 주기도 합니다. 이렇게 하면 편리할 뿐만 아니라 업무 효율도 향상시킬 수 있습니다.

단어
- 急事 [jíshì] 명 급한 일
- 赶快 [gǎnkuài] 부 서둘러서
- 传达 [chuándá] 동 전달하다
- 记得 [jìde] 동 기억하다
- 提醒 [tíxǐng] 동 깨워주다

Tip '怕'는 '두렵다'는 의미 말고도 '担心'과 같이 '걱정하다'라는 의미도 가지고 있다.
예 我怕你得感冒。
  나는 네가 감기에 걸릴까 봐 걱정이야.
  我怕你找不着我家。
  나는 네가 우리 집을 못 찾을까 봐 걱정이다.

4 질문: 你认为网络让人与人之间的距离拉近了还是疏远了?

예시답안: 我觉得网络虽然让地球变得很小,
wǒ jué de wǎng luò suī rán ràng dì qiú biàn dé hěn xiǎo,

但是对现实中的人们来说,
dàn shì duì xiàn shí zhōng de rén men lái shuō,

人与人之间的距离其实是疏远了很多。
rén yǔ rén zhī jiān de jù lí qí shí shì shū yuǎn le hěn duō.

现代人工作很繁忙,
xiàn dài rén gōng zuò hěn fán máng,

生活也很单调。
shēng huó yě hěn dān diào.

所以他们把业余时间
suǒ yǐ tā men bǎ yè yú shí jiān

用在上网聊天上。
yòng zài shàng wǎng liáo tiān shàng.

表面上看起来, 他们好像在
biǎo miàn shàng kàn qǐ lái, tā men hǎo xiàng zài

网上结交了很多朋友,
wǎng shàng jié jiāo le hěn duō péng you,

但其实现实生活中
dàn qí shí xiàn shí shēng huó zhōng

连一个真正的朋友都没有。
lián yí ge zhēn zhèng de péng you dōu méi yǒu.

总之, 我认为网络
zǒng zhī, wǒ rèn wéi wǎng luò

让人与人之间的距离更加疏远了。
ràng rén yǔ rén zhī jiān de jù lí gèng jiā shū yuǎn le.

한글해석
질문: 당신은 인터넷이 사람과 사람 사이의 거리를 가깝게 만들었다고 생각하나요? 아니면 멀어지게 했다고 생각하나요?

예시답안: 인터넷은 비록 지구를 작아지게 했지만 현실 속의 사람들에게 있어 사람들 사이의 거리를 더 멀어지게 했다고 생각합니다. 현대인들은 일이 바쁘고 생활도 단조롭습니다. 그래서 그들은 여가시간을 인터넷 채팅을 하며 보냅니다. 그러나 표면적으로 보면 인터넷 상에서는 많은 친구들을 사귀는 것 같지만 현실 생활 속에서는 진정한 친구가 하나도 없게 됩니다. 결국, 인터넷은 사람과 사람 사이의 거리를 훨씬 멀어지게 만들었습니다.

단어
- 网络 [wǎngluò] 인터넷
- 拉近 [lājìn] 형 가깝게 하다
- 疏远 [shūyuǎn] 형 소원하다
- 繁忙 [fánmáng] 형 일이 많고 바쁘다
- 单调 [dāndiào] 형 단조롭다

Tip '表面上~其实~'은 '표면적으로는 ~이지만 사실은 ~이다'라는 고정표현이므로 잘 알아두자.
예 他表面上很内向, 其实不是。
  그는 겉으로는 내성적인 것 같은데 사실 아니다.
  她表面上看起来很开心, 其实心里很难受。
  그녀는 겉으로 보기에 기쁜 것 같지만 사실 마음은 괴롭다.

第六部分: 情景应对

1 질문: 你上个星期买了一台空调。不过用了几天就坏了。请你给电子商城打电话说明情况后解决这个问题。

예시답안: 你好, 北京电子商城吗?
nǐ hǎo, běi jīng diàn zǐ shāng chéng ma?

我上个星期在你们那儿买了一台空调。
wǒ shàng ge xīng qī zài nǐ men nàr mǎi le yì tái kōng tiáo.
不过不知道是什么原因,
bú guò bù zhī dào shì shén me yuán yīn,
突然不运转了。也没有整天开着,
tū rán bú yùn zhuǎn le. yě méi yǒu zhěng tiān kāi zhe,
只在白天开几个小时就出故障了。
zhǐ zài bái tiān kāi jǐ ge xiǎo shí jiù chū gù zhàng le.
这是怎么回事儿? 这应该是机器的问题。
zhè shì zěn me huí shìr? zhè yīng gāi shì jī qì de wèn tí.
所以我想换另一台空调
suǒ yǐ wǒ xiǎng huàn lìng yì tái
或者退货。
kōng tiáo huò zhě tuì huò.
希望你们尽快派人过来
xī wàng nǐ men jǐn kuài pài rén guò lái
把这台空调拿回去, 越快越好。
bǎ zhè tái kōng tiáo ná huí qù, yuè kuài yuè hǎo.

한글해석 질문: 당신은 지난 주 에어컨을 샀는데 며칠 되지 않아 고장이 났습니다. 전자 상가에 전화를 해서 상황을 설명하고 문제를 해결해 보세요.
예시답안: 안녕하세요. 북경 전자 상가입니까? 제가 지난 주에 거기에서 에어컨을 한 대 샀습니다. 그러나 무슨 이유인지 갑자기 작동을 하지 않아요. 하루 종일 켜 놓은 것도 아니고 낮에 몇 시간 사용했는데 고장이 났어요. 이게 어떻게 된 일이죠? 이것은 분명히 기계상의 문제이니까 다른 것으로 바꾸거나 환불을 하고 싶습니다. 될 수 있는 대로 빨리 사람을 보내 에어컨을 회수해 가세요. 빠를수록 좋아요.

단어
- 空调 [kōngtiáo] 명 에어컨
- 运转 [yùnzhuǎn] 동 작동하다
- 故障 [gùzhàng] 명 고장
- 退货 [tuìhuò] 동 환불하다
- 派 [pài] 동 파견하다

Tip 겸어문이란 앞 동사의 목적어가 뒤에 나오는 동사의 주어의 역할을 겸하는 문장을 말한다.
예 公司派我去釜山出差。
회사는 나를 부산으로 출장 보냈다.
父母让我去美国留学。
부모님은 나에게 미국으로 유학을 가라고 하신다.

2
질문: 你的妹妹迷恋于明星不学习。
你在姐姐的立场上给你的妹妹进行忠告。
예시답안: 你怎么能因为喜欢一个明星
nǐ zěn me néng yīn wèi xǐ huan yí ge míng xīng
不学习呢? 我不反对你追明星,
bù xué xí ne? wǒ bù fǎn duì nǐ zhuī míng xīng,
因为那是你的兴趣爱好。
yīn wèi nà shì nǐ de xìng qù ài hào.
但是你得做好你该做的事情,
dàn shì nǐ děi zuò hǎo nǐ gāi zuò de shì qing,
不要光顾着追明星浪费了时间。
bú yào guāng gù zhe zhuī míng xīng làng fèi le shí jiān.
你现在是个学生。
nǐ xiàn zài shì ge xué sheng.
应该把时间花在学习上。
yīng gāi bǎ shí jiān huā zài xué xí shang.
你得多看书, 多学习,
nǐ děi duō kàn shū, duō xué xí,
这样才可以增长知识,
zhè yàng cái kě yǐ zēng zhǎng zhī shi,
以后找到更好的工作。
yǐ hòu zhǎo dào gèng hǎo de gōng zuò
不要浪费现在的好时光。好吗?
bú yào làng fèi xiàn zài de hǎo shí guāng. hǎo ma?

한글해석 질문: 당신의 여동생이 스타에 빠져 공부를 하지 않습니다. 언니의 입장에서 여동생에게 충고를 해 주세요.
예시답안: 너 왜 연예인 때문에 공부를 안하니? 나는 네가 연예인을 좋아하는 것은 너의 취미이기 때문에 반대하지는 않아. 하지만 네가 해야 할 일은 잘 해야지, 스타에 빠져서 시간을 낭비하지 말았으면 해. 너는 지금 학생이니까 공부하는 데 시간을 쏟아야 해. 책도 많이 읽고, 공부도 많이 해야 지식도 쌓이고 나중에 좋은 일자리를 찾을 수 있어. 지금의 좋은 세월을 낭비하지 마, 알겠지?

단어
- 迷恋 [míliàn] 동 (~에) 빠지다
- 兴趣爱好 [xìngqùàihào] 취미와 애호
- 增长 [zēngzhǎng] 동 증가하다
- 浪费 [làngfèi] 동 낭비하다
- 时光 [shíguāng] 명 시간, 세월

Tip '把~동사+在~上'은 '~을/를 ~에 ~하다'는 뜻으로 '把자문'의 고정표현이다.
예 我不小心把杯子掉在地上。
나는 실수로 컵을 바닥에 떨어뜨렸다.
他把书放在书桌上。
그는 책을 책상 위에 놓았다.

3
질문: 明天你要去出差, 不过因为身体不舒服去不了了。
拜托你的同事代替你去出差。
예시답안: 小明, 我有一件事想跟你
xiǎo míng, wǒ yǒu yí jiàn shì xiǎng gēn nǐ
商量商量。
shāng liang shāng liang.
明天我得去上海出差。
míng tiān wǒ děi qù shàng hǎi chū chāi.
这次, 我们公司打算跟上海的
zhè cì, wǒ men gōng sī dǎ suan gēn shàng hǎi de
一家公司合作, 所以公司派我去
yì jiā gōng sī hé zuò, suǒ yǐ gōng sī pài wǒ qù

실전 모의고사 답안

上海一趟。不过现在我身体很不舒服，
shàng hǎi yí tàng. bú guò xiàn zài wǒ shēn tǐ hěn bù shū fu,
医生说病情有点儿严重，
yī shēng shuō bìng qíng yǒu diǎnr yán zhòng,
非住院不可。所以只能来拜托你
fēi zhù yuàn bù kě. suǒ yǐ zhǐ néng lái bài tuō nǐ
替我去了。你就帮我这一次吧。
tì wǒ qù le. nǐ jiù bāng wǒ zhè yí cì ba.

한글해석
질문: 당신은 내일 출장을 가야 하는데 몸이 좋지 않아 갈 수가 없습니다. 동료에게 대신 가 달라고 부탁해 보세요.
예시답안: 샤오밍, 제가 당신과 상의할 일이 있어요. 사실 내가 내일 상해로 출장을 가야 해요. 이번에 우리 회사가 상해의 한 회사랑 협력을 하기로 해서 우리 회사에서 나를 상해로 출장을 보내는 거예요. 그런데 제가 지금 몸이 좋지 않아요. 의사 선생님 말이 병세가 좀 심각해서 입원을 하지 않으면 안 된다고 해요. 그래서 당신에게 부탁하려고요. 이번 한 번만 좀 도와줘요.

단어
- 出差 [chūchāi] 통 출장가다
- 拜托 [bàituō] 통 부탁하다
- 合作 [hézuò] 통 협력하다
- 一趟 [yítàng] 한 번
- 严重 [yánzhòng] 형 위급하다

Tip '非~不可'는 '~하지 않으면 안 된다'는 고정표현이다.
예 你感冒了，非吃药不可。
너는 감기에 걸렸으니 약을 먹지 않으면 안 된다.
汉语很有用，非学不可。
중국어는 유용하니 배우지 않으면 안된다.

在学校门口等着自己。
zài xué xiào mén kǒu děng zhe zì jǐ.
他感动得流下了眼泪。
tā gǎn dòng de liú xià le yǎn lèi.

한글해석
예시답안: 어느 날 아침, 아이의 부모는 바쁘게 출근 준비를 하느라 아이들 돌 볼 틈이 없고, 아이는 거실에서 분주하게 준비하는 바라보고 있습니다. 등교하는 길에 다른 아이가 엄마 손을 잡고 학교 가는 모습을 보고 매우 부러워합니다. 학교에서 수업을 하고 있을 때 밖에 갑자기 비가 내리기 시작했습니다. 아이는 우산을 가져오지 않아 집에 갈 일을 걱정하고 있습니다. 수업이 끝나고 학교에서 나온 아이는 엄마가 우산을 가지고 학교 앞에서 자신을 기다리는 것을 보고 감동의 눈물을 흘리고 있습니다.

단어
- 忙着 [mángzhe] 분 바쁘게
- 顾不上 [gùbushàng] 통 돌볼 겨를이 없다
- 牵手 [qiānshǒu] 통 손을 잡다
- 羡慕 [xiànmù] 통 부러워하다
- 感动 [gǎndòng] 통 감동하다

Tip '동사+起来'는 방향보어의 표현으로 아래에서 위로 향하는 방향을 나타낼 뿐만 아니라 어떤 동작이 시작되어 계속됨을 나타내기도 한다.
예 孩子突然哭起来了。
아이가 갑자기 울기 시작했다.
我一时想不起来了他的名字。
나는 일시적으로 그의 이름이 생각나지 않았다.

第七部分：看图说话

一天早上，孩子的父母在忙着
yì tiān zǎo shang, hái zi de fù mǔ zài máng zhe
准备去上班，顾不上孩子。
zhǔn bèi qù shàng bān, gù bu shàng hái zi.
孩子在客厅里看着父母忙碌的样子。
hái zi zài kè tīng lǐ kàn zhe fù mǔ máng lù de yàng zi.
去上学的路上孩子看到别的孩子
qù shàng xué de lù shàng hái zi kàn dào bié de hái zi
牵着妈妈的手去上学。
qiān zhe mā ma de shǒu qù shàng xué.
感到很羡慕。在学校上课时，
gǎn dào hěn xiàn mù. zài xué xiào shàng kè shí,
外边突然下起雨来。
wài biān tū rán xià qǐ yǔ lái.
孩子没带雨伞，所以很担心无法回家。
hái zi méi dài yǔ sǎn, suǒ yǐ hěn dān xīn wú fǎ huí jiā.
下课后孩子从学校里出来的时候
xià kè hòu hái zi cóng xué xiào lǐ chū lái de shí hou
发现，妈妈带着雨伞
fā xiàn, mā ma dài zhe yǔ sǎn